U0750392

# 在终点相遇

黄国峰 著

世界图书出版公司

北京·广州·上海·西安

**图书在版编目（CIP）数据**

在终点相遇 / 黄国峰著. —北京：世界图书出版有限公司北京分公司，2018.10
ISBN 978-7-5192-5176-5（2022.8重印）

Ⅰ.①在… Ⅱ.①黄… Ⅲ.①创造性思维—通俗读物 Ⅳ.①B804.4-49

中国版本图书馆CIP数据核字（2018）第232609号

| | | |
|---|---|---|
| 书　　名 | 在终点相遇 | |
| | ZAI ZHONGDIAN XIANGYU | |
| 著　　者 | 黄国峰 | |
| 策划编辑 | 李晓庆 | |
| 责任编辑 | 李晓庆 | |
| 装帧设计 | 刘　岩 | |
| 出版发行 | 世界图书出版有限公司北京分公司 | |
| 地　　址 | 北京市东城区朝内大街137号 | |
| 邮　　编 | 100010 | |
| 电　　话 | 010-64038355（发行）　64037380（客服）　64033507（总编室） | |
| 网　　址 | http://www.wpcbj.com.cn | |
| 邮　　箱 | wpcbjst@vip.163.com | |
| 销　　售 | 新华书店 | |
| 印　　刷 | 北京中科印刷有限公司 | |
| 开　　本 | 880mm×1230mm　1/32 | |
| 印　　张 | 7.25 | |
| 字　　数 | 125千字 | |
| 版　　次 | 2019年1月第1版 | |
| 印　　次 | 2022年8月第5次印刷 | |
| 国际书号 | ISBN 978-7-5192-5176-5 | |
| 定　　价 | 59.00元 | |

# 目录

## 第二章　扩展人生的格局

目录

## 第三章　找到生命的真意

**结语**

# 前言

在过去的日子里，你是否曾感到生活一直在重复？年纪越来越大，身体也越来越不中用，可我们的心智模式与生命状态仍然没有任何变化。日子重复过，问题重复犯。我们期待以后可以更好，生命可以再前进。但我们做了些什么？改变了些什么？

终其一生，我们一直在寻找"我们到底要如何才能够让生命不同且更好"的答案，并且希望活出最恢宏的生命版本！若要提升自己的精神境界，我们就不可以再让过去等于现在，等于未来。

在这本书中，我希望借助一些古圣先贤的智慧让你的生命再前进。过去很多圣贤，不管来自东方还是西方，都有很多领悟。我们常常说，站在巨人的肩膀上才能看得更远、更宽广，但是首先你要能够爬上巨人的肩膀。中国这块古老的土地拥有上下五千年的文明积淀，诞生了很多圣贤。然而鲜有人能够萃取并吸收圣贤的智慧。我们学了很多现代科学知识，却不懂得待人处事。虽然我们可能能力很高、学历很高、技术很在行，但是品性并没有跟上来。所以尽管外在拥有很多，却还是烦恼依旧，内心觉得很空虚。

要让未来可以更好，我们就不能继续活在惯性思维模式里，不能只是活出过去的生命状态。我们可以通过改变思想、言语、行动，成就一个不同且更好的自己；通过觉察、觉知、觉悟，成就更高的生命境界；通过更多元的心智教育与心智模式，扩展心智格局与人生的视野。走的路不同，遇到的景色就不同。心智模式不同，就会活出不同的人生。一个更好的未来在等着我们到达。

谨以此书献给所有愿意为活出最恢宏的生命版本而努力不懈的朋友。

# 第一章

## 打破生命的局限

聽無聲

## 第一节 年纪虽长，心智却没成熟

有很多的老人家，年纪虽然很大，但心智并没有成熟，我们常常开玩笑叫他们"老小孩"。全世界唯一不需要努力就可以实现的事情就是变老。很多事情都需要我们付出一些努力。我想各位一眼就能看出来，很多人学了非常多的课程，花了很多钱，提高了能力和技术水平，而为人却没怎么变化。而一般人们学东西都是想要增强自己的战斗指数，增强战斗指数是为了什么？我想绝大部分人都是为了降服别人，掌控想掌控的人、事、物。可是你有没有发现，学了那么多的知识、道理、技术，我们却连自己的情绪都掌控不了？我们常常是拿别人有办法，拿自己最没有办法。我们常常自以为是，自以为别人不是，总是认为问题出在别人身上，认为别人需要改变什么，提升什么，被纠正什么。所以如果有一种课程可以让别人的生命变得更好，你马上就会帮对方报名，是不是？因为你潜意识里就认为，问题出在别人身上，只要他没问题了，我们家就没问题了；只要他好了，我们就都好了。

但真的是这样吗？

当遇到某些人、事、物时，我们会用一种习惯的模式与之互动。你有没有发现，你和你的家人、朋友、孩子、上司交流时采取的互动方式是不同的？人在面对不同的人时会带着不同的面具，讲的话、做的动作都不同。当你遇到小学同学时，你会表现出一种互动模式，让你重新体验到小学时与这个同学相处的感觉；当你遇到初中同学时，你会表现出另一种互动模式，让你重新体验到初中时与这个同学相处的感觉。这是一种"超链接"。

一种心智模式也会成为一种惯性。你面对某个人时表现出的心智模式在很长时间里是不会变的。举个例子，当你60岁回到家时，80岁的爸爸妈妈还是会把你当小孩对待。当你开始觉得人生已经被定格了，无法再成长时，这可能只意味着你的思维模式被定格了。

活在惯性里面的时候，我们会让过去等于现在，现在等于未来。在三五年前，你遇到什么人、事、物，你会这样说、这样做、有这样的情绪反应。三年五年后，遇见类似的人、事、物，你依然是这样说、这样做、有这样的情绪反应。这说明你的想法没变！你的想法没变，你在乎的事情没变，你的惯性思维没变，所以三五年后再遇到类似的人、事、物，过不去的还是过不去。

活在惯性里面，你只是老了，可是人并没有更成熟。然而别人可能都因你的要求而成长了，唯一没有成长的是你自己！

# 第二节 升级、改版你的人生

我们大部分时间都在忙外在的事情，很少关心我们的内在。你觉得你了解自己吗？有没有忙到有一天起来，一边刷牙一边看着镜子里的自己觉得有点陌生？

我们都有用手机或电脑。手机跟电脑都有软件，这些软件每隔一段时间就要升级，升级到某一个阶段之后，再也升不上去了，功能无法再扩展，就要改版。

人生如果用你现在的格局、心智模式、生命状态，活到老，活到这一生的"毕业典礼"，你觉得可以吗？如果这种心智模式已不能带来更多的喜悦，那么你需要改变吗？到底该改变什么呢？

如果我们想要提升自己，就不能再让过去等于现在，等于未来，不能让小时候的心智模式等于现在的心智模式，等于未来的心智模式。我们是可以随时自我提升的，就是不让一种心智模式用到底。那你人生的心智模式升过几次级，你人生到目前为止改版过没有？你看世界的眼光和以前有没有不同？看另外一半、看孩子的眼光和以前有没有不同？人生在没有改版之前，起码要先升级吧！你目前没有办法突破的格局，你的困难、不安、恐惧，都可能在告诉你，你的心智模式应该升级啦！如果升级之后，还是没有发生改变，那就需要改版了。

当我在读大学的时候，电脑主机有房间那么大。一年多以后出现了麦金塔那种小电脑，然后我们就开始了解程序，但还不是Word这种软件。从那个年代一路走过来，你会发现电脑系统从简单的，到复杂的，到多功能的，就一台机器，发生了多少变化？再看现在一台手机具备多少功能？而你会发现，很多旧文件打不开了，因为那些曾经能打开它们的软件一直在改变。过去你一直用的某个软件，10年来已经改了十几个版本了。

很多语言模式我们听得懂，50年或100年后的人可能就听不懂了。就像在中国大陆和台湾，不同地区的华人所说的有些词句是不一样的。比如在大陆被称作一次性筷子的用具，在台湾叫免洗餐具，这些名词听起来是不一样的，而再过几十年，当没有人再用这些名词的时候，给他们解释这些名词就需要费很多工夫。

这就像我们古圣先贤的很多东西，它们就像是用过去的语言、心智模式的软件所编辑的文件一样，你现在看不懂它们不是因为它们内涵陈旧，只是你和古圣先贤的心智模式不匹配而已，打开方式不对，这比喻能理解吗？ 我在本书中会用现在的语言方式去解释古圣先贤的智慧，尽量不让大家因语言被"卡住"。

# 第三节 输自己，赢别人

想象一下，如果这个世界没有花朵、没有音乐会是怎样的世界？这个世界上只有人类具有明显的幽默感。幽默本身是一种智慧，自嘲也是一种智慧。

固执的人看起来学东西很快，记得很牢，但未必有智慧。在西方有很多天才儿童十几岁就自杀了，因为他们的聪明不足以化解聪明带来的烦恼，他们只有聪明，而没有智慧。我们常常喜欢聪明，却忘了要有智慧。

这里我们举个例子。在一次贵妇圈的聚会上，有两个贵妇撞衫了，于是两人都想要把对方比下去。贵妇一对贵妇二说："哎呀，这么好的衣服穿在你身上就像路边摊买的一样，一点都不贵气，真是糟蹋了！" 如果贵妇一是你，你觉得这样说会不会从此失去一个朋友？如果贵妇一换一种说法，比如"哎呀，同样一件衣服，穿在你身上那么显气质，我要好好跟你学学你的高雅"，那么你看似输了表面，但是会不会赢得别人的友谊？

但是我们很少会让自己输吧？都想赢别人！所以当你赢的时候你也输了，当你输的时候你也赢了；当你得的时候你也失了，当你失的时候却也得了。

台湾有个连续剧，剧中有个儿媳妇，每天跟家人斗来斗去。争赢了，别人都走了，只剩她一个人；斗输了，自己跑回房间哭，也只有她一个人。她后来终于顿悟了，知道争赢了也是输。

可我们往往都不想输，结果却真的输了，有时争吵赢了，却失去了对方。你什么时候能够做到在家里、在朋友那儿，运用你的智慧，运用幽默的人类天赋，输自己而赢得别人呢？什么时候你比朋友聪明、能力比他强、职位比他高，却愿意输给他呢？当你开始珍惜这位朋友的时候。这也是个人的气度与高度的体现。

## 第四节　人生什么时候可以争错?

在与他人的互动中,我们常常是在争自己对,很少争自己错。自古以来,很少有人在争论的时候说:"这都是我的错,你不要跟我争!"为什么你的人生活到现在,会遇到很多纠纷?在多数情况下,你的烦恼都是因为你在争对。你那么对,那么懂道理、明事理,为什么你的人生过成这个样子?你就是"太对了"才活出了这样的人际关系,这样的生活现状,这样的生命状态!

你在家里、在公司里常常都要争自己对。就是因为你太对了,才一直连错在哪儿都不知道。

我在网络上看到过一个笑话:"你跟女朋友讲道理,是不想跟她谈恋爱了吗?你跟老婆讲道理,是不想跟她生活了吗?你跟老板讲道理,是不想干了吗?"所以我们一直活在

"自以为是、自以为别人不是"里，活错了，却以为自己活对了。但是如果你那么对，为什么活成现在这个样子？如果你那么对，为什么那么不快乐？有些女性朋友在跟老公吵完架之后，老公已经呼呼大睡了，她们却气得整晚都睡不着。所以有些人常常日子重复过，问题重复犯。

假设我们把人生比作一个圆。这个人生的圆圈难免会有个缺口。我们把弧线的部分叫作对，弧线上的缺口叫作错，那么我们是不是要先打开觉察，找到属于自己的缺口，承认错误，然后改过才能让人生圆满无缺？对原本就是对，错还是错。你的人生如果能够找到这个缺口，接受这个缺口，不断修正、改过，人生就能够圆满。因此，人生要圆满是来找对的，还是找错的？找错的。可是我们在和别人争论的时候，都在争对，而且还是针锋相对！

但是你一生当中何时会争错？即使你99%都是对的，但如果没有属于你那1%的错，事情还是很难发生的。人们容易发现99%的错误，承认自己的错误，然后修正、改过，可是1%的错误却很难被发现。我们一直不认为我们有错，直到老了，快"毕业典礼"了才发现。而我们的朋友错得太明显了，所以他们认错、改过了。他们认错了，输了，却也赢了。而我们一直没有找到属于自己的那部分错误，直到快"毕业典礼"了也没有机会修正了，便带着遗憾离开。所以对了却也错了。如果今天我们再碰到朋友，我们就该高兴上天给我们机会，改善彼此之间的关系，不让人生留下遗憾。

我们能不能每次在看问题的时候，先找到自己的错，改正呢？所以你该改变什么、该提升什么、该修正什么？每个人被你苛责一番之后，都查缺补漏了，而只有你一个人没有得到成长。

你的人生什么时候可以争错，而不是争对呢？

# 第五节　惯性心智限制了你的自由

　　人一生当中会遇到很多事情。我们钻牛角尖也好，绕圈圈也好，都会反映出我们的心智模式。

　　这里有一个猴子的笑话。一群猴子生存的世界，简称为"猴界"。猴界有一种生态特质，就是一个猴群只有一只猴王拥有和所有母猴的交配权。年轻的公猴只能在外围跑，不能靠近母猴。年轻的公猴只能等自己长大后，向猴王挑战，把猴王打败了，才能拥有所有的母猴。这就是猴界的生存法则。话说有一只公猴强大了，打败了猴王，让它落荒而逃。结果一个仙人看到落败的猴王，就问它："如果给你一个心愿，让你下辈子投胎做人，你最大的心愿是什么？"老猴王说："我要回来把那只公猴打败，夺回所有的母猴！"在猴王还没有投胎当人之前，它的心智模式还是猴子的心智模式。猴子没有人的心智模式，没有人的生命状态，它还是在用猴子的心智模式来想当人之后要做什么。

早上醒过来，你发现伴侣挤牙膏的方式跟你不一样，他是从中间挤下去的，而你习惯从后面慢慢挤，挤得不彻底还会拿个夹子夹住后面慢慢往中间挤，于是你"噌"一下火就上来了。当你发现伴侣挤牙膏的方式跟你不同时，你还会发现他连扫地的方式都跟你不同，他这边扫一撮儿，那边扫一撮儿，而你习惯慢慢从一边扫过去。在这种情况下，对心智模式、习惯、行为方式跟你不一样的人，你会不会有意见？有些人做每一道菜都很讲规矩，把这道菜煮完了再来处理其他菜，她煮完一桌菜刚好一个半小时。而你可以同时煮好几道菜，在煮饭的同时煮汤、炒菜，半个小时统统搞定。是不是每个人的行为都不一样？这几个例子，看起来是行为，其实都是心智模式的反应。

再比如你上班、下班习惯走同一条路，总是看到一样的景色。突然有一天，这条路要进行维修，然后你开始走另外一条路。你会发现不同的路上，有不同的风光、不同的景色。下次堵车了，你就知道绕到另外一条路上，甚至有时候你会上班走这条路，下班走另一条路。我们的心智模式决定了我们在沿途会看到哪些风景。可是我们往往已经活在惯性之中了，习惯了走一条路。每天走相同的路，哪怕路上的花开了，你都很难注意到。所以心智模式会让你习惯性地想到什么，解读成什么，产生什么样的情绪反应。

我还常常举一个例子：我有一个伙伴，我们常在晚上9点聚在一起聊天，刚好有吃的东西就会叫她吃，然后她说"我刷过牙了，不吃了"。你有没有发现她的心智模式是跑流程的，她有标准的SOP？我跟她说："你可以吃了东西，再去刷牙，试试看嘛！"后来她勉强接受了，吃了东西，再回去刷牙。她突然发现流程也可以倒回去呀，还可以重新走。可是她过去四十几年来都是跑标准流程的。经过那件事后，她现在可以随时吃东西了。可是过去四十几年，她都活在自己的惯性心智模式里面。

处在不同的心智模式之下，我们会看到不同的风景，产生不同的情绪反应。所以我们这辈子如果一直坚持某种想法，有时候就会错过这个想法以外的精彩人生。

## 第六节　不同的心智模式，不同的人生

我们常常会举一个例子：半杯水，有人会觉得只剩下半杯，有人会觉得还有半杯呢。你怎样看待这半杯水能够反映出你的心智模式，反映出你是乐观的，还是悲观的。用悲观的心智模式和乐观的心智模式活出来的人生，是完全不一样的。

举一个发生在美国的真实案例。一个记者在头版新闻中看到一张照片，相关文字描绘他是一个穿西装、打领带的参议员，年轻有为。而当这个记者看到第七版时，他发现这一版照片里的人竟然和头版的参议员的长相几乎是一样的，姓氏也一样，只是没有穿西装、打领带，而他是个杀人犯。这个记者就想，他们会不会有关系？于是他进行了调查，发现他们是双胞胎兄弟，同一天上新闻。这个记者飞到华盛顿去

采访那个参议员，问他："为什么你今天会有如此成就？"参议员说："我有一个酗酒的爸爸，他很喜欢赌博，回到家就只知道打我妈妈，打我们兄弟两个。我有这样的爸爸，我只好这样。"这个记者又坐飞机到另一个州的监狱里访问那个杀人犯。记者问他："你为何沦落至此？"那个杀人犯说："我有一个酗酒的爸爸，他很喜欢赌博，回到家就只知道打我妈妈，打我们兄弟两个。我有这样的爸爸，我只能这样。"有没有发现，他们面对相同的父母，可是看事情的眼光不同，感受也不同，发展出来的人生也不一样？

心智模式也好比你戴的眼镜。如果你戴着黄色的眼镜看世界，那么世界就是黄色的。现在如果你换一下绿色的眼镜，你会发现世界变成绿色了。这就像那杯水，大家都可以喝到，可是心情不一样。越喝越少，是悲观的心智模式在发挥作用；不错还有剩的，每一口都快乐，是乐观的心智模式在发挥作用。悲观的人喝每一口都悲观，快乐的人喝每一口都快乐。心智模式决定你快乐或忧愁，决定你活出什么样的生命状态。所以，面对相同的父母、相同的子女、相同的伴侣，就看你用什么眼光来看他们。

心智模式改变了，你看世界的眼光就会改变。当心智被打开之后，你的视野就开阔了，人生观就会不一样，人生也自由了。

## 第七节　快乐比公平更重要

　　夫妻之间每次都要到吵架之后才能懂得如何沟通，沟通不了就升起"签字"（指离婚）的念头。签字比较简单，不是两个字就是三个字。"沟通太难了，沟通太难了，还是签个字比较快。"很多人都是这样想的。有一个笑话是，有一对夫妻吵架，吵架之后老婆很生气，老公就去跟小狗玩，老婆越看越生气，说："你不要跟那只猪在一起啦！"老公说："它是狗啦。"老婆说："我不是跟你讲话啦！"人总是会斗，可是有些人在斗的过程中不会起怒火，他会转移注意力跟小猪、小狗、小猫玩，可是另一个还在生气，没有地方可以发泄，没有办法平衡。虽然这是个笑话，可是不免引我们思考。

　　你会发现一群小孩子在玩游戏的时候，输也好，赢也好，都很快乐，他们不计较输赢。刚刚还在吵架的，马上又玩在一起，为什么？因为他主要目的是好玩，觉得输也好玩，赢也好玩，他只要好玩、快乐就行。好玩就好，快乐就好，因为快乐比吵架、斗嘴重要。

曾经我们都是觉得"好玩比较重要"的小朋友，可是曾几何时，随着年龄的增长，你发现自己活得越来越不快乐，只在乎输赢，只在乎得失成败，而忘记了快乐。甚至输不快乐，赢也不快乐。

结婚是为了幸福。可是结完婚之后，我们就开始要公平合理。我煮饭，你就要洗碗；我洗衣服，你就要拖地板；我早上送孩子上学，晚上你就要接回来。你要公平合理，要来了，却远离了幸福。学校也教导我们要公平合理，可是一直活在公平合理里面，你会失去很多幸福和喜悦。

为什么孩子无论输赢都快乐？为什么你现在赢了却不快乐？

很多人在结婚之前，在谈恋爱的时候，几乎没有公平不公平的概念，这让他们十分快乐、十分幸福。回想一下在你们谈恋爱的时候，是不是你三更半夜肚子饿了，他都会买吃的给你送过来？三更半夜他生病了，你都会整晚不睡照顾他？

幸福是我爱你，而愿意为你多付出一点，不需要回报。如此，那种感觉就回来了。如果今天她肚子饿，你帮她买吃的送过来，明天你却要求她给你买回来，那爱的感觉就没有了。现在我们的生活中有那么多不快乐、不幸福，就是因为我们太爱公平了，太爱讲道理了。

人生走着走着，我们就忘记了幸福、快乐比较重要，我们都把焦点放在公平合理、成败得失上了。没有，不快乐；拥有了、怕失去，也不快乐；失败，不快乐；成功了，还不快乐。社会教育我们要去拥有，我们认为"有才快乐"。可是有了之后能快乐多久呢？我们很难活出"有跟没有都自在"的人生。

## 第八节　不要被一种想法绑架

理解一件事情不要带有思维定式。有时候这种思维定式就是固执。有句话讲，一种想法一种活法。因为你活不出你想法以外的人生。如果想法是固定的，你的生活也会被固定。你的想法局限了你，你因为被你的想法绑架而感到受限。比如说，我认为男女授受不亲，因此我就不太会去跟女性握手。不握手的行为受限于我的想法。但是我们假设一种情境：有一个人，从二楼掉下来，我本来想伸手接她，结果发现她是女生，于是又把手缩了回去。这就是固执。

有一个和尚背女子过河的故事。故事中，有两个和尚在河边遇到一个女子，女子正为如何过河发愁，其中一个和尚（大师兄）询问了这个女子的意愿，然后把她背了过去，放下就走了。到了晚上，这两个和尚去住客栈，另外一个没有背女子的和尚（二师兄）就一直想："啧，师傅一直告诉我们，不能碰女色，男女授受不亲，大师兄怎么能背女子呢？"二师兄就这样想了一整晚，想找大师兄质问，但一想对方是大师兄，说了内心过不去，可是不说内心也过不去，于是他一整夜都没睡，直到第二天忍不住了，才去问大师兄："你为什么昨天背她？你给个说法吧。"大师兄说："哦？你想了一整晚？我昨天背过了，就放下了。而你的心却还一直背着。"

　　一个人会被一种想法绑架，表现出固执。那么，不妨想一下，你是否被你现在的某个想法绑架了呢？

# 第九节　拿你的想法有办法

你拿自己有办法吗？你拿你的情绪有办法吗？你拿你的想法有办法吗？你拿你的个性有办法吗？

你是拥有想法，还是被想法拥有？你想驾驭工作，还是被工作驾驭？你是拥有事业，还是被事业所拥有？究竟事业是丰富了你的生命，还是变成了你生命的枷锁？你拥有钱，还是变成了钱的奴隶？我们常说"人在江湖，身不由己"。那你是在过日子，还是在被日子过？

想法既然是你想出来的，你为什么拿你的想法没办法？如果你是想法的主人，你是不是有能力换个想法，或者放得下这个想法？想法不是你想出来的吗，那你怎么会活不出自己想法以外的人生？

我们常常是被想法绑架了。我们只是这么想、这么说、这么做、有这样的情绪反应。你会发现你拿自己的想法没办法，你很难说出你想法以外的办法，你很难做出你想法以外的做法。

一个人的情绪很难跳脱他的想法，他的说法很难跳脱他的想法，他的做法很难跳脱他的想法。每个情绪背后都有一个想法，每个说法背后都有一个想法，每个做法背后都有一个想法，每个选择背后都有一个想法。

当你越执着于一个想法时，这种想法所带来的情绪就越难离你而去，是不是？越坚持想法不放，情绪就越困扰你。当你能够"拿得起，放得下"时，困扰你的情绪就会慢慢消失。所以你会发现，你的不安是你认为的不安，你的恐惧是你认为的恐惧，你的烦恼都是你认为的烦恼。

佛家有一句话叫作：一念一轮回。我刚刚说每个情绪背后都有一个想法，那就是一个念头。佛家讲转念，转念就是换个想法；佛家还讲放下，就是放下那个想法。当你能够拿你的想法有办法，你就能够拿你的情绪、说法、做法有办法。

可是我们常常是在让想法做主。举个例子，某天夜里我一点半醒过来，呼吸之间都是霉味，再也睡不着了我就生情绪了。很快我想，我要降服这个情绪，就要降服这个情绪背后的想法，必须拿自己情绪背后的想法有办法。让所有的发生变成一种有启发的发生，不要让发生变成一种遗憾或者困难，而错过了让发生带来启发的机缘。所以我就想，既然我睡不着，我就不跟睡不着对抗，就开始过睡不着就睡不着的日子。索性起来看看东西，肚子饿就去煮个东西吃，听听音乐……想睡时再去睡！而不是去对抗睡不着，因为越对抗越睡不着。

你所对抗的，它会一直存在；你所逃避的，它也会一直存在。然后你会发现，人生很多事情都是你让它发生的。情绪是不是你让它产生的？我们说每个情绪背后都有一个想法，没有这个想法还会产生这个情绪么？不会。

祸福无门，唯人自召。烦恼都是自找的。你放过某个想法，就不会有某种烦恼。要换个想法，就要先放下之前的想法。当你能够成为想法的主人，你就能够做自己的主人。我们称之为真主人在做主。当你能够从不同的角度看人生时，你的心智模式就会上升到不同的层级。

## 第十节　处理外在之前先处理内在

　　我们说事情是在外面的，问题是在里面的。如果你拿了某个人的东西乱摔，而他的心态平和，可能是因为他的这个东西很便宜。如果东西是他珍藏的限量版的，你觉得他还会不会保持心态平和？他内心会想：干吗不拿别人的？我的可是限量版的！内心马上会出现起伏，对不对？所以事情是在外面的，你一起心，在乎了，问题就出现了。我们修身养性不是修没事，是修遇到事的时候，这颗心如何可以很快平复。

　　网络上有一句话："你把我的事当一回事，你的事就是我的事；你不把我当一回事儿，你的事关我屁事？"事情是不是事情，在你的在乎里面。人生不可能没事，你再怎么有能力处理事情，一定会有得失成败吧？修心，在于修"我心不住"，不住于得失的两端，不住于成败的两端。越在乎，问题就越大，越不在乎，天塌下来都不关我的事，是不是？很在乎小事就变大事，不在乎大事都是小事。没有"在乎"这个念头就没事，所以心不安是你起心了，你在乎了。所以说，事情在外面，问题在里面。

以一个杯子为例。我们能看到一个杯子，除了杯子本身，我们的内在要不要先有这个东西？内在要有构想是不是？要在内在先想象出我要做什么产品，然后才慢慢画出图来，找厂商，做模子做设计图，试着找原料来做看看，最后做出这个产品。在外在的 "有"之前内在要不要先"有"？对，在无中要生有，空有之间如何妙用。

当我想要骂你的时候，这个心念一出来的时候，你还没有受伤，我的嗔恨心已经起了吧？我已经污染我自己的情绪，已经开始不舒服了吧？当我看到一个人，想要赞美他的时候，我是不是自己先愉快，然后再赞美他，他才愉快的？那么外在的"有"，和内在的"有"哪一个要先有？内在的要先有！所以要先有无形，才会有有形。

再比如说我喜欢一个女孩，这个女孩跟其他男性在一起说笑，于是我内心开始纠结了。那是因为我的内心起了一个喜爱的心。如果我对她一点感觉都没有，她跟另一个人手牵手，开玩笑，我会不会起心？会不会有情绪？不会的。我越在乎你，你的言语行为就越会引起我的起心。谈恋爱的时候，你喜欢的那个人看了你一眼，还轻轻地微笑，你内心会不会"小鹿乱撞"？你的心跟他超链接，所以他的一言一行会影响到你的心！我想分享的是，要处理外在的，先把内在的处理好。

# 第十一节 受伤是有感觉的，伤人是不太有感觉的

人有体味，随着年龄的增长，体味会越来越重。当一个人生病卧床的时候，整个房间的味道会很重。孙子回家看望爷爷，鼻子会嗅到难闻的味道。他捏着鼻子问："爷爷你吃饭了没，吃药了吗？"这个动作爷爷看在眼里，痛在心里，可能隔天就病情恶化了。捏着鼻子这个动作代表我不喜欢这个味道。不喜欢就是分别心。分别心是很容易伤人的，只是人们不太容易觉察到这会伤人。当遇到类似的情形时，你很容易感到不喜欢，但是你拿什么来大过这个"不喜欢"，大过这个分别心？答案是对爷爷的爱和尊重。

人们会混淆分别与分别心。比如一个人叫另一个人去买苹果，他买回来西瓜，还狡辩说："我没有分别心，苹果和

西瓜不是一样吗？"苹果、西瓜，它们分别有什么外形、口感，这是客观事实，是分别。而分别心指的是苹果好，西瓜不好。分别和分别心差别在哪里？一个背后是意识，一个背后是喜好。有喜好之心，就会有烦恼不安、是非对错。因为是西瓜和苹果，所以它们不会"受伤"，换成人，必定有人受伤。

当你设定了一个分别心的标准，比如身高172cm，体重60kg，是标准身材，那么比这个身高高一点、低一点，比这个体重重一点、轻一点的人在你看来都不具有标准身材。你认为符合这个标准就是漂亮，不符合这个标准就是不漂亮。那如果我刚好就在标准之外，我就很容易感到不舒服。我们说这是男人，这是女人，他身高172cm，她身高155cm，这是分别。而我们说女人就是难搞，男人就是大气，这是分别心。当你产生分别心的时候，就会伤人。

受伤是有感觉的，伤人是不太有感觉的。我们常常在无意中就会伤到人。比如当朋友在和我讲话的时候，我在玩手机或者东张西望，同时还强调"你说，我有在听"，那么他就会受伤。过两个月后，我有事情找他帮忙，他没有帮我。我会觉得我对他这么好，为什么他不帮我？这就是你伤了人，你却不知道。对人不尊重是分别心所致。

那么当我们遇到不喜欢、不合理的事情时，我们拿什么来大过这个分别心？

古代做生意往往需要用马或者骆驼来背货物。有甲、乙两位商人，甲商人有一匹马可以日行千里，乙商人就出高价和甲商人买这匹马，甲商人不卖。有一天，甲商人要进城的时候，看到有一个老人倒在路边，他心生悲悯就把老人扶到马背上，准备带他进城看医生。一上马之后，那个老人就显出原形，原来是乙商人。乙商人说："现在我已经坐在你的马背上了，我不可能下去，出多少钱我都会和你买。"甲商人说："你只要答应我一个条件，这匹马免费送给你。乙商人说："既然是免费的，什么条件你说吧！"甲商人说："你千万不要和世人讲你是怎么得到这匹马的，否则世人看到需要帮助的人时就不敢出手救人了。"甲商人用对众生的慈悲，大过这个事件，大过这匹马，大过这个发生，大过这个不合理。

各位，你对你的家人，你在用什么大过他，分财产的时候就知道啦！人从出生到死亡都和金钱连接在一起，对钱是很敏感的，跟钱的连接很密切。如何让一个人不忘记你？和他借一百块就好，不要还他，他永远记得你。当然，这是个小玩笑。但执着于钱，是一种心智模式，执着于一个道理，也是一种心智模式。执着本身就是一种心智模式。

在终点相遇

## 第十二节　苦在告诉你，
## 你还在坚持某个想法不放

　　有一种人像海浪，每次遇到挫折的时候，他觉得不改不行了才改，如此反复。那有没有人像瀑布一样？有，就是那种遇到挫折的时候就死给你看的人。还有一种人，在事情出现之前已经有所觉察，防患于未然，所以很少受挫。那么，请问你是哪一种人呢？

　　生命成长意味着达到一个更加光明的状态，而不是半天黑夜，半天白天，不是起起伏伏。你的情绪、你的烦恼就是你的道场。

　　每一种情绪背后都有一个想法，每一个说法背后都有一个想法，每一个做法背后都有一个想法，每个选择背后都有一个想法。所以苦在告诉你什么？不妨对自己说："苦在告诉我，我还执着于某个想法不放！"越坚持就越苦，不坚持就不苦，没有坚持就没有苦。

　　这里讲一个禅宗的故事。达摩要度神光。神光说："请师傅为我安心。"达摩说："你把心拿出来。"神光说："觅心了，不可得。"都是你想出来的，怎么找得到？我们不是狗，没有狗的烦恼。我们不是猫，没有猫的烦恼。但是猫有猫的烦恼，狗有狗的烦恼，人有人的烦恼。流浪汉没有你的烦恼，但是你也没有流浪汉的烦恼。生命状态不同，烦恼就不同。烦恼都是自己想出来的，在某种心智模式下产生的。

　　有些人从小就会接触到无神论，无神就无鬼，就不会怕鬼。怕鬼的人，都是有神论者，有神才有鬼。这是两种心智模式。半夜有敲门声，前者会觉得是有人有事找你，因为他内心没鬼，所以他根本不会想到后者所想的鬼敲门。

　　很多东西都是我们内在心智的反映。圣贤讲：境由心造，相由心生。怕鬼是一种心境。这种怕，便是心造出来的。

　　越在乎，事情就越大；越不在乎，事情就越小。情绪也是一样的，你越执着，那种情绪对你的影响就会越大；越不执着，那个情绪对你的影响就越小。不安、烦恼、情绪，都是你的想法。没有某个想法，就不会有某种情绪。

没有这个想法你就不会恐惧，没有这个想法你就不会忧虑。你放过它，它就放过你。苦在告诉你，你还在坚持某个想法不放，放过那个想法就离开了那个苦。这就是放生——放自己一条生路。

# 第十三节　一包盐的故事

　　和大家讲个故事：有一位蔡阿姨在煮饭的时候盐用完了，就跟隔壁的李阿姨借了一包盐。过了一天，李阿姨想蔡阿姨怎么还没有还盐，于是李阿姨每次在做饭的时候就会想起蔡阿姨还没有还盐。一过三十年，李阿姨每天起码有三次想起那包盐，还不包括平常和别人聊到那包盐。这三十年、一年三百多天她念念不忘，可是三十年来，隔壁蔡阿姨逢年过节就会送粽子、月饼之类的东西给李阿姨。但李阿姨认为那个不算，因为盐是蔡阿姨借的，而其他的是送的。甚至三十多年过去了，李阿姨还想把这包盐写进遗嘱里，交代子孙要把这包盐要回来。

　　这个故事告诉我们，我们会抓住一个道理不放过别人，也不放过自己，把世俗的道理当真理。我们要学会转念，送邻居一包盐又如何？

你转个念就没事了。被道理绑架是活在道理的层次，没有以生命的厚度来承载它。若要转念，从一个念头转到另一个念头，就要放下前面一个念头。我们每个情绪背后都有一个想法，想法会变成相应的言语和行为。如果我们能换一个想法，产生不一样的言语和行为，那么我们就能够活出不一样的生活来。当我们能够真正转念的时候，就可以放下前面的东西，让新的东西可以为我所有。这叫作舍，然后得。

在转念的时候会出现一种情形，就是好几个念头会同时运作，就像电脑同时开了好几个软件一样。明明自己已经有了这个念头了，为什么前一个念头还在作用？因为那个能量还没有被抽掉，你还没有真正放下，所以那个"程序"还在运行。就好像我们说要播放视频了，可是音乐还在开着，好多程序还在运行。

我们要试着从各个角度和高度来看事情，就好像你可以用手机这样照，也可以那样照。不同的角度就带来不同的感觉。当我们开始转念，有了类似的经验时，我们就有了转念的经验与能量。真正的转念会带来情绪的转变，带来智慧的启迪。

## 第十四节　你的在乎就是你的生命层次

　　网络上有一个故事，在这个故事中，有两个人吵架，从早上吵到傍晚。甲对乙说："如果不是三八二十一，我头剁下来给你。"乙对甲说："如果不是三八二十四，我老婆送给你。"最后两人吵到了官府里。官老爷后来判了给乙十大板。如果你是那个说三八二十四的，你会不会觉得很不合理？乙说："三个八相加一定是偶数嘛，怎么会出现一个一呢？官老爷，你给我一个理由啊！"官老爷说："跟一个觉得三八二十一的人吵一整天，不打你打谁啊！"会不会有这种现象？你跟一个疯子吵一整天，人家都分不出谁是疯子喽！有没有觉得你该去挂号了？

　　森林中有一只小鼬鼠，发了一个战帖要跟狮子挑战，狮子不理他。狮子的儿子说："你干吗怕他？"狮子说："我干吗怕他？我接受挑战、接他的战帖的话，他就会到处宣扬，狮子接受了鼬鼠的挑战！然而我战胜他是光荣的事吗？他却可以宣扬狮子已经接受了他的战帖，会以为我跟他同等级。"

地上有一根骨头，狗会去抢，你也去抢的话，代表你跟狗是同等级的。有一种人，你跟他一直吵，你说看不起这种人，可你还在跟他吵，那不就等于跟他是一样的？看一个人的敌人就知道他的等级，看他的在乎就知道他的生命层次。

所以，你还在在乎什么？你不需要讲自己的境界有多高，看看你在忙什么就知道了。我已成佛，又何须证明自己是佛呢？

什么样的人就会把事情做成什么样子，如果他还不能把事情做成那个样子，代表他还不是那样的人。同理，你处在什么样的境界就看你还在在乎什么，还在忙什么，就很清楚了。这是骗不了人的，这叫事实。事实就是你还在在乎什么。

我们从小就被教导要关爱、要关怀、要原谅、要宽恕、要照顾他人，听了好几十年。遇到了问题才知道，自己根本没有办法原谅他人；遇到了才知道，自己可能真的不懂关心人。所以从听到、知道，到做到、成为，还有一段很长的路要走。

## 第十五节 问题在你的在乎里

我女儿在幼儿园中班之前都胖嘟嘟的，怎么看都可爱。读到幼儿园大班，她开始学拼音字母，可她学得不好。我开始担心了，因为现在的小学老师都以为孩子在幼儿园就学好了字母，所以教得很快。我怕我的女儿一开始就跟不上，语文学不好，其他科目也跟不上，然后落差会越来越大，然后整个小学跟不上，初中就跟不上，就考不到好高中，考不到好大学，找不到好工作，嫁不到好老公，赚不到钱，人生不幸福……然后我内心就开始纠结，我和女儿讲了两三次之后，开始换她纠结了。那时候已经八月份了，八月中旬她就该幼儿园毕业了，八月底就入小学。台湾八月的夏天很热。我躺在二楼休息，我女儿就跑过来，趴在我身上，用一个很诚恳的眼神，看着我的眼睛说："爸爸，我问你哦！难道拼音没有学好，就不是好孩子吗？"我内心刺了一下，赶紧说："好孩子，好孩子。"

她上了小学后，每次考试回来，我都会含着眼泪、带着微笑给她加油！她到了小学六年级快毕业了，三月份的期中考试回来，倒数第三名。那一年我刚好退休，45岁。台湾的小学是星期三只用上半天课。那个周三下午，在家里，我看她拿出可以当下午茶的点心，打开电视，看着超幼稚的《天线宝宝》。我说："这不是幼儿园小班的学生才看的吗？"她说："很好看啊！"我的火就开始起来了。我心想：你考试倒数第三名，马上要升初中了，也不赶快去把功课补一补！你现在这个样子的话，上了初中就跟不上，考不到好高中，考不到好大学，找不到好工作，嫁不到好老公，赚不到钱，人生就不幸福……可是我还是咬牙忍着。又过了一会儿，她突然起来进房间去了。我以为她终于要开始补习功课了，结果两分钟后，她拿了个纸箱出来，把她所有的芭比娃娃拿出来，帮她们梳不同的发型，同时继续看超幼稚的《天线宝宝》。我的火"噌噌"冒起来了。

幸好，我开始觉察到我的情绪，觉知到我正在生气，是我看她很不爽。我开始觉知到，是我感觉当初幼儿园中班之

在终点相遇

前那个可爱的女儿不见了，但那个只是单纯爱女儿的爸爸也不见了。结果就是，我看她不爽，她看我也不舒服。我问我自己，到底我在用什么样的眼光、认知、想法来看我女儿？我内心在质问，我考台湾大学和中山大学研究所时都是榜首，可我怎么会养出这种冤家债主啊？我内心过不去，所以我要找到那个点。突然我问我自己，如果我不在乎呢？如果我把她的功课抛到一旁，再来看我女儿，她还是很可爱，在家里很乖，也会整理房间，会做点心给我吃。但如果再拿功课来看她时，我的情绪就又起来了。然后我觉察到我的在乎是什么。当我放下那个在乎，看她就是很可爱啊！可那个在乎一出来，看她就很不爽了。所以问题不在她本身，而在我的在乎里。我女儿用7年的时间，打通了我的觉察、觉知，打通了我修行的"任督二脉"，都不容易吧。

## 第十六节　人都容易注意修脚踏车的

　　假设这是一块黑板，我在这边点了一个白点，你一抬头就会注意到那一点。因为人很容易就会注意到特殊的地方。

　　有一个笑话是，以前美国攻打伊拉克，那时候的总统叫布什，他的国防部长是鲍威尔将军。有一天他们在一个酒吧里喝酒，边上还有很多媒体记者，布什总统对鲍威尔将军说："我们打算杀死三千万伊拉克人和一个修脚踏车的。"一个记者马上跑过去问："为什么要杀死那个修脚踏车的？"这时布什总统就拍拍鲍威尔将军的肩膀说："你看吧！根本没有人在乎那三千万伊拉克人！"

　　为什么？因为人们都会去注意那个修脚踏车的。你人生的主轴是不是也很容易就被忘记了？很快就会开始注意那些旁枝末节，就像那个修脚踏车的点。你看整体那么庞大，可你就只注意到那个末小的点。

你在谈恋爱的时候，注意到的肯定都是对方的优点。可是结婚之后，你只要盯上一个对方的点，就是缺点，好像对方所有的优点都消失了，你就只看到那一个点，然后你不断地加持、放大对方的那个缺点。然后你就会抱怨"以前我是不是瞎了，怎么会嫁给他那样的人？"或者"我的眼一定是瞎了，怎么会娶到这样的老婆？"每个人都在放大对方的缺点，忘记了他还有的占绝大部分的优点。如果你夸奖一个人有很多优点，最后却加一个"但是"，加一个缺点，那么人们经常会忘记你前面说的那么多优点，只会记住最后那个缺点。这就是人心的作用。

人心常常是这样的。回想一下，你是如何对待你的另一半的？你是不是常常在放大他的缺点，忽视他的优点？只要他挤牙膏的方式和你不一样，你就能看着看着火起来，甚至都可以和他吵起来，吵到要签字离婚的地步。为什么你就不能买两根牙膏各挤各的，或者干脆接受他挤牙膏的方式就是和你不一样呢？你会发现其实这种心智模式，一直在循环。

挤牙膏会反映你的心智模式，扫地、煮饭也会反映你的心智模式。你看某个人一个点不爽，你就会在很多点上都看对方不爽。你只要聚焦在那一点上，看对方就不可能顺眼的。难道他身上没有优点吗？当然有啊！可是为什么每次看到的都是缺点？不妨将你的注意力从对方的缺点上游离开，去寻找对方身上的几个新的优点。你会发现，在旧的人身上发现新的优点，就好像重新娶了一个老婆、嫁了一个新老公似的！去发掘、欣赏对方的优点吧。

在终点相遇

## 第十七节 一念天堂，一念地狱

在乡下养鸡养鸭的地方有很多鸡鸭的粪便。那种味道散发出一种"我很脏"的信息："我很脏有病菌，你赶快走吧！"所以粪便用臭来爱你，叫你不要靠近它，它有病菌。如果你能够感受到粪便用臭来爱你的心，你就会感恩粪便。如果你连粪便都能够感恩了，你还有什么是不可以感恩的？它用它的生命在告诉你，你还有很多功课没修过。

可是你身边有没有那样的人，你每次看到他，都觉得是冤家债主来了？你的家人很倒霉，你都是自以为是，自以为别人不是，你总是给你的家人、朋友、同事贴上冤家债主的标签。所以你早上醒来都看到鬼，去上班也看到鬼，因为你给身边的人都贴上了鬼的标签。你有没有发现自己有超能力，能把地狱搬到人间来？

可是你换一个角度，每当看到他的时候，脑海里闪过一排字：他身上有我没有的品质，所以我看到他就会不爽，会把他当成冤家债主。这样，透过他，你找到自己不足的地方，找到自己没有解开的执着，然后化解它，这样你就修通啦！这是一面镜子，在映照你没有修通的地方。所以一念之间，就知道他在告诉你，你怎么了。那他不就是你的活菩萨吗？有没有发现，只要你打开觉察，你身边的人都是菩萨在说法？当我觉察到这个状态后，一念之转，原来不是冤家债主，是仙佛菩萨在度我，告诉我还有我没修过的功课，从此，早上醒来看到菩萨，去公司也看到菩萨。

一念之转，就可以把天堂搬到人间。所以我们常说：一念天堂，一念地狱。

## 第十八节　出离自己看自己

　　每个人嘴巴里都有味道，但是自己通常不会注意。唾液在你的嘴巴里，不会觉得它脏，但你把它吐到杯子里，再吸进去看看？你也不会觉得自己肚子里的粪便脏，但只要粪便离开你的身体，成为排泄物，你就会觉得它脏。现在你想想看，你身上有没有自以为是的想法？你不会觉得你的想法有问题，但如果同样的某个想法是从别人嘴里说出来的，你就会觉得这里不对，那里也不对。现在明白问题在哪里了吗？离开本体就有分别心。这是我在上厕所时的体悟。

　　我们的人生当中，有百分之七八十的时间都在误会别人，我们都太自以为是了。看起来我还是很聪明的人，可是我回顾一下我的人生，我发现自己百分之七八十的时间都在误会别人，我的专业就是误会别人、误会孩子、误会老婆、误会同事、误会客户、误会朋友。有一次在公司，一个同事从洗手间出来，没有和我打招呼。我心里就想，看到老板，不打招呼是不想干了吗？那天上午我都没有和他讲话，中午出去吃饭的时候，我看到他和同事在吃盒饭，在聊天，然后他说："今天早上出来很匆忙，忘记戴隐形眼镜了。"原来他是看不清楚才没跟我打招呼。

从过去的点点滴滴中，我也发现了自己的自以为是和对别人的误会。有一次我和老婆去吃饭，点的是锅贴、蒸饺、烙饼、小米粥、酸辣汤等。蒸饺、锅贴出来之后，老婆就吃了一个蒸饺，筷子就放下来了。我的内心就开始对话了：陪我吃一顿素食很难吗？平常和我生活在一起，也没有有说有笑的，跟我生活也很勉强吗？于是我就说："很难吃吗？还是陪我吃素很难过？"我老婆说："没有啊！我在等酸辣汤。"她回答得有道理，可是我并不觉得，我觉得我的想法是对的，我观察她很久了。然后吃完饭后，我就闷闷不乐。我家旁边有一个很大的美术馆，我就一个人去逛美术馆，越逛越生气，想要冲回去"签字"（指离婚，你懂的）。我突然觉察到，我怎么了？我老婆怎么了？原来我用一把尺在衡量她，用一个框架在框着她，她吃饭要符合我的标准，生活要符合我的标准，只要到了框架的边缘，我就会发火，只要越过那个框架，我就想签字。我突然觉得我很不道德，要人家活出我想要的样子，连吃东西都要是我喜欢的，要求人家生活中一定要有说有笑，还要不时撒个娇，不然就说明她不爱我。当我意识到这一点以后，我突然就没事了。

　　从此我放自己一条生路。我慢慢地把心中那把尺加宽、加长，这样我老婆就不会碰到它的边缘。再慢慢地，我把尺拿掉，成为"无尺之徒"。更慢慢地，我学会尊重，让她过自己的真实人生。

# 第十九节　突破线性思维

　　有些人是线性思维，认为只有经过生存阶段才能进入生活阶段，经过生活阶段才能进入生命阶段。其实这些阶段是可以同时存在的，好比我们在孝顺父母的同时可以谈恋爱，在谈恋爱的同时可以读书和做生意，过从容生活的同时关爱兄弟姐妹和帮助他人。

　　线性思维的人总是执着于因为A大于B，B大于C，所以A大于C。例如，因为妈妈怕爸爸，爸爸怕女儿，所以妈妈怕女儿。其实很可能是另一种情况：女儿怕妈妈。这叫环形思维。

　　人在庐山中，容易不识庐山真面目，所以我们需要离开自我看自我，离开当下看当下。当我们遇到事情过不去的时候，我们不妨抽离出来，用上天的视角看看自己，看看这件事，就像看电影一样。大家都做过梦，如果你梦见老公有小三了，难道醒来就一巴掌打过去吗？如果你梦见隔壁邻居跟你借了20万，你早上起来会跟他要20万吗？当然不会，因为你知道那都是自己在梦里的事嘛！

人一辈子都跟钱连接在一起，死了还要烧冥纸。（还好只是让你烧，如果是让你亲自送就完了！）因为人一辈子和钱连接在一起，所以如果你借了某人100块钱不还他，他一辈子记得你。所以我要举个和钱有关的例子。

20年前，我骑摩托车去吃自助餐，我想节约点。我身上有100块新台币，花了35块吃饭，找零65块放在外套口袋里，一转弯儿的工夫零钱就掉出来了。我当时生了很大的怨念。我先是气衣服：这是什么烂衣服，口袋做成横的，不做成深的！再是气老婆：你去新加坡旅游，回来送我什么烂衣服啊！我联想到的是烂衣服、烂老婆。后来我每次吃自助餐，只要经过那个地方，我都会看地上。虽然我搬家已经10年了，但每次经过那个地方，我仍然会看地上。20年后，我现在回老家经过那个地方，我依然会看地上。我们东方人特别爱吃、爱钱、爱积粮食、爱积钱财。有人问："地上有100块与50块，你捡哪一个？"我会说："傻瓜，当然两个都捡嘛！"干吗一定要线性思维，一定要选其一呢？要有圆满的智慧嘛，就是两个都要捡。

## 第二十节　身自由了，心还活在惯性里

　　有个寓言故事讲的是：唐三藏去西方取经，想找一匹既可以负重，又可以行走千里的马，于是就去磨坊找了一匹白马。它西去东回十几年，唐三藏成了唐朝名人，那匹马也成了名马。这时候它也要退休了，就想去见见以前的老同事，于是回到了磨坊。别的马问它："你是怎么成为唐朝名马的？"白马说："没有啊，我也只是走了十几年啊，只是跟对了主子，做对了一件有意义的事。我的生命因此有了价值与意义。我去跟老板说说，让你也早点退休吧！"过了几个星期，它去看望它的朋友，想看看朋友退休后生活怎么样，结果吓一跳。它的老朋友早上醒过来就去找棵树围着绕圈圈。没办法，因为这位老朋友十几年来养成了一直绕圈圈的

习惯。那么，你不妨思考下自己，是否身体自由了，心却仍然活在惯性里呢？

我们有时候常常陷入自己的想法中，这是一种思维惯性，跳不出来的话，就容易落入陷阱。不妨和你的朋友一起玩一个游戏，首先你一直念"老鼠，老鼠，老鼠……"然后让你的朋友说"猫怕什么？"你会发现，你说出的是"猫怕老鼠"。猫怎么会怕老鼠呢？因为你落入了思维惯性中。销售员在卖产品的时候，往往会讲这些让你觉得不用思考就对的东西，目的就是让你不要思考，迅速做出他预设好的决定。

你会发现，语言模式很容易变成一种惯性。你要打开觉察才不会落入思维怪圈中。

在这个社会，不论是成长、做生意都要有清醒的心智，只有这样才不会被世俗的东西牵着走，被人家的话语牵着走。就好像各位看这本书，我的心态是这样的，你有100%的自由看这本书，也有100%的自由不看这本书，只有你有100%的自由读，我才有100%的自由讲。

有一位九十多岁的在二战集中营中幸存下来的老人，有人问他如何在那样艰难的环境中坚持下来，他说："他们可以剥夺我的自由，剥夺我的财产，剥夺我的生命，但是他们没有办法剥夺我用什么眼光看待这个世界，因为这是我唯一的自由。"

# 第二十一节　以管窥天

有一个成语叫以管窥天。用一根管子来看天，你会错过管子以外更加精彩的天，因为你看的只是一个圆圈而已。我们往往会被自己的定见蒙住双眼，捂住双耳。我们相信科学，而接受的只是现代科学已经证实的东西。但是一百多年前的科学和现在的科学差别很大，如果那时候有人对我们说通过手机可以听到、看到远在他乡之人的音容，我们一定不会相信，还会说对方鬼迷心窍。然而，看不见不代表不存在。

有一位教授在演讲快结束的时候说："我向各位证明没有上帝，我站在这里三分钟，如果有上帝，让他来劈死我。"三分钟之后，他说："你看我还好好的，可见没有上帝吧！"这时候有一位妇人走过来说："教授，我想问一个问题，我不知道是不是有上帝，但是自从我相信有上帝之后，我就存好心，说好话，做好事，与人为善，不占人便宜，乐于帮助别人。自从相信有天堂、有地狱之后，我现在做人处事都心安理得。如果有一天我要死了，就算没有上帝、没有天堂，我又有什么损失呢？但是，万一有呢？"

我们人类对生命的认知有赖于物质，难以活出物质以外的人生。我们定义了很多东西，好像很有想法。殊不知，我们一直活在自己的定见之中。这些定见让我们的思维僵化、受限。诚然，我们需要借助一些定见来沟通，但我们常常为这些定见所困。假设你把在某个范围之内发生的事情叫作"应该发生"，在这个范围之外发生的事情叫作"不应该发生"，那么在这个范围之内发生的你都接受，在这个范围之外发生的你都不接受，以这种心智模式来过日子，想要活出大的生命格局很难。

# 第二十二节　别人多久没有讲你了？

　　有一个修行人来到半山腰，坐在石头上休息，看到旁边有一个莲花池，开满了莲花，赏心悦目，顿时心生一念，想摘一朵拿来欣赏。当他靠近莲花池的时候，突然莲花池里跑出来一位神仙，呵斥他："亏你还是一个修行人，怎么可以起贪念？"怎么可以起这样的贪念呢？他马上在旁边忏悔。不久山下来了一个年轻人，坐在莲花池边休息，看到满池的莲花，想到拿到山下去卖可以赚很多钱，于是就摘了很多莲花带走了。这个修行人想：同样是过路的，为什么待遇差这么多？我才起一个念头就被神仙骂得狗血喷头，人家全摘光了，莲花池神都没有出来。于是这个修行人就对着莲花池喊道："出来出来，你给我一个交代。"莲花池神说："你是一个修行人，是一张白纸，起了一个念头我骂你，你还有空间让我骂，你在修行所以会时时勤拂拭，我点你你会反省，会修正自己；那个年轻人是块黑布，我多讲会被他打哦。"

　　你想想看，有多久没人讲你了，你有多久没有被人家提点了？是讲的时候怕伤害到你，还是怕被你伤害？你内心还有没有空间和态度让人家讲你？你拿着一把刀却要让人家提点你，人家怕讲了要去医院治疗啊!

# 第二十三节　改变心智

　　我们小时候都用大脸盆洗脸，如果有一只小昆虫掉进来，它会沿着脸盆的边缘走，虫子以为自己在走直线，努力往前走，希望能走出去。它不知道自己在绕圈圈，不知道被一种心智模式绑架，看不清楚自己。看不清就是迷惑。我们人类也一样，绕来绕去很苦自己却不知道，日子重复过，问题重复犯，因为你没有离开那个令人迷惑的枷锁。只有离开枷锁，你才能够出走。中国字的奥妙在于一个字取代了之后整个意思都不同了。一个"家"被"枷"取代了，就完全不同了。去看看你的心智模式，你的某些成见、想法，用更好的东西取代它们，你会有很多不可思议的发现，会有豁然开朗的体悟，不妨尝试一下。

　　哪些心智模式一直在我们身上回放，而我们却不知道呢？我们要觉察自己的念头里有没有分别心，念头背后的心智模式是什么样的。过去我们很多人在人生路上遇到挫折的时候没有觉察，死不认错，不想改过，还要耍脾气，直到实在活不下去，再不修正就死路一条了，才修正、改变。在修正的过程中，慢慢地惯性又回来了，又不想改变了，人生就这样反反复复。还有一种人会在出现问题的时候，马上觉察、觉知、修正、改变，出现下一个问题的时候，又马上觉察、觉知、修正、改变。这类人付出的代价往往很小，成长很快。

要改变心智模式，先从取代开始，用一种心智模式去取代另一种心智模式。坚持了四五十年的念头会慢慢发生改变。当这四五十年的习性都改变了，完全不同了，人就好像重生了，你会觉得像坐云霄飞车一样。

## 第二十四节　花活出真理，我们讲的都是道理

在佛教故事里，佛陀讲经说法 49 年，相传在灵鹫山上，佛陀拿起一朵花，在眼前转来转去。每个弟子都在思考他在做什么，大家都在说："佛陀在做什么？他要问我们什么问题？他在示现什么？"只有一位弟子叫迦叶尊者，他破颜微笑不语。佛陀说："嗯，你懂的。"这是以心印心。

现在我用一个科学的表达模式，讲一个另外的版本。我们可以从物理、化学、分子生物学、遗传学等角度出发，研究一朵花，解析它，然后写成报告，塞满整个房间。而从生命的角度出发，针对这朵花，我观察体悟出一朵花中蕴含的道理，这也是我的研究报告。但是请问，当你看了那么多的科学报告，体悟到了那么多的道理，这些报告和道理能让你闻到花香吗？你能够闻到花香吗？

所以佛陀拈花示众是在告诉我们，这朵花的存在就是真理，它活出了真理，而我们讲出来的都只是道理。耶稣说，我就是真理，我就是道路。也是同样的意思。

一朵花活出了真理，真理就在它身上。所以，你是要每天讲道理，还是自己活出来道理的样子？不要活在道理中，要活出道理来。

第二章

扩展人生的格局

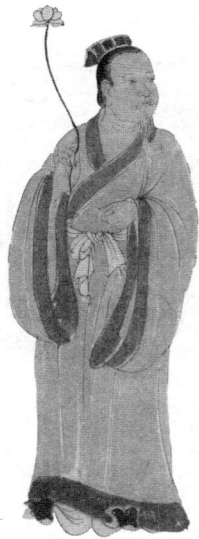

## 第二十五节　从"知道"到"做到"
　　　　　究竟有多远?

　　我们身处一个知识爆炸的时代,这个世界目前不缺道理,但缺明白道理、又能超越道理、活出道理的人。以前没有邮差的时候,人们通过信鸽来传送文书,鸽子就那样忙忙碌碌,飞来飞去,到死也不知道信里面写的是什么内容。有些人一辈子看了很多经典名著,却不知道里面讲了些什么,还不如一片储存了大英图书馆所有图书信息的芯片。

　　过去儒家讲五十知天命,知行合一。五十知天命还要行天命,不要五十岁知道了,到了八十岁还做不到。我们常说道理很简单,大家都知道,连三岁小孩都知道,可是有时候即使是八十岁的老翁也还做不到。

　　从"知道"到"做到"究竟有多远?

每年大学毕业生都有数百万人。每个人毕业前都满怀理想，工作两三年后却丢了理想，归于平庸。到了中年晚期，有些人可能会感叹："哎呀！我当初的梦想呀！从何时丢了？丢在了哪里？"人不缺道理、不缺梦想，唯独缺的是实现梦想的能力。这个社会不缺道理。给你一台笔记本电脑，所有的道理就都有了。老天考你的不是你知道多少，而是能做到多少。就像我们从小说孝道，回到家都笑不出来，孝在哪里？

要成为真正的孝子，而不仅是知道孝道，会讲孝道。一阴一阳谓之道，道在自身，要身体力行，要做到才能成道。知道"应无所住而生其心"，还要实践，真正修炼如何"应无所住而生其心"，最后成为、活出"应无所住而生其心"的生命状态。你有没有属于你自己的天命，属于你自己的使命，属于你自己的愿景、目标？如果有一天，当你一觉醒过来的时候，你的一言一行都在实现你的愿景、目标，那么我们可以说你活出了自己的天命。

## 第二十六节　如何看待
## 自己的生命状态是很重要的

如何看待自己的生命状态是很重要的。一只小老鼠遇到一位大师，小老鼠求大师带它去修行，大师答应了。小老鼠在庙里过得优哉游哉，有一天看到一只猫，吓了一跳，于是让大师把它变成大狼狗。但下次看到猫，它还是吓得逃跑。于是它又请求大师把它变成大狮子，可是看到猫还是害怕。小老鼠央求道："大师，你把我变成大象吧！"大师说："没有用的，我知道在你心里你还是那只小老鼠。"

我们有些人在公司里已经是总经理了，也还是认为自己在打工，看自己也还是小老鼠。你在遇到人、事、物的时候，你的态度、你的反应就是你的格局。如果你能打开觉察，看出自己格局小，承认自己格局小，你就还有救，会朝着格局大的方向走。反之，你就没办法获得成长。

比如说有人说你生气了，你说："我哪里在生气，我只是讲话比较大声而已。"不承认自己在生气，你就还会继续生气；若承认自己在生气，当下也就不生气了。当你发现生命能量不足时，承认吧，这样会好得比较快。不承认就继续生气，不承认就继续小气。过去我们骂对方死不承认，现在不要等别人骂你死不承认，先看看自己是否有死不承认的特质。这就是生命成长，承认带来改变。

# 第二十七节　打破超链接的认知

　　有一个故事讲的是：有一个人开车，傍晚的时候经过一个山区，开到半山腰的时候，右后轮爆胎，等了半天没有人经过，只好硬着头皮自己换轮胎。而他并没有换胎的经验，所以他先把坏的轮胎拿下来，然后在把新的轮胎放上去的时候，他想将四颗螺丝钉一起放上去一压，应该就可以安好了，结果一压，螺丝钉反倒都跳了出去，滚到山下去了。他觉得这下完蛋了，光有轮子没有螺丝钉车是不能开的，那个时候前不着村后不着店，天已经暗了，又看不到车子经过，可怎么办啊？他只好硬着头皮往前走，看看附近有没有住户。走了半个小时后，他终于看到前面有一个大宅院，上面写着"精神病院"。一眼望去，庭院中有一个人，看起来有点像疯子，可没有其他人了，他也只好请问他。那个疯子说："很简单啊，你还有三个轮子，各抽一个螺丝钉下来去固定那个新轮子就可以开下山啊。"他好诧异："你这么聪明怎么会在这里？"疯子说："我是疯子，又不是傻子！"你看，我们很容易把疯子超链接为傻子，这说明我们的惯性链接有时候会误导我们自己。

在为人处事时，我们都会表现出惯性思维。我们通常认为，孩子就是我的，女人是男人的财产，这就好像给孩子和老婆刻了一个无形的章：私人财产，请勿碰触。我就甘愿做小男人，有时候做小男人还是很幸福的。我六岁就认识我老婆，她家从遥远的地方搬家到我们村落的时候，跟我们家租房子。后来她家买的一间房子，就在我家的斜对面。近水楼台先得月，你懂的。我常常在三楼遥望着她们家，慢慢地眼睛就远视了。我还会跟我女儿撒娇，谁说爸爸就要有那种大男子的权威？我以前是真的急躁啊，脾气不好，出口就伤人，我老婆接我电话都会害怕，我讲话是快准狠，做事情也快准狠。但是我经过自省，不断地调整自己，放下自己，降伏自己，我发现我输了却赢了，赢得了我的人生，赢得了一个和谐的家庭。

你是不是能输自己，赢得人生呢？让自己变得柔软，去丰富人生，而不是那么僵硬，不要非黑即白，人生本应是彩色的。现在时运改变了，日常生活中就可以修行，而且是真修实炼。最能帮助你成长的就是你的敌人，常常跟你作对的那些人，就是你的老师。

第二章 扩展人生的格局

# 第二十八节　丢掉成见

　　中国有本书叫《列子传》，其中有一个小故事。有一群伐木工人住在半山腰上，他们彼此相识。有一天，一个伐木工人发现他的锯子不见了，于是起了疑心。他在想谁偷了我的锯子，是被猴子还是被别人拿走了？会是谁呢？邻居应该不会，大家都认识，难道是新搬来的那个年轻人吗？然后第二天他去观察那个年轻人，觉得对方越看越像小偷。到了第三天，他带着怀疑的心情去见那个年轻人，他的言语、肢体动作都充满了质疑。人都是很敏感的，那个年轻人马上感觉不舒服了。被质疑的年轻人感到自己受到了侮辱，然后二人很快发展到拳脚相向。第二套剧本是：到了第三天，这个伐木工人在仓库的某个角落发现了那把锯子，想起三天前他匆忙下山的时候，随手把它丢在了那里，他发现原来是自己误会别人了。当他再看到那个年轻人时，心里充满了歉意，觉得对方怎么看怎么不像小偷。

感受不好、说法不好、做法不好、选择不好，等等，要改变的不是结果，而是那个因，也就是你的内在认知。如果你的内在认知是负面的，那么你看谁都不爽；如果你的内在认知是良善的、感恩的、慈悲的，那么你看到每一个人都会觉得他们是大自然的艺术品。

以前我就是一个很有成见的人，很有想法，内在有一把尺。因此，当我看到那种穿着怪异的人，心里都会觉得怪怪的，遇到很有个性的人，都不敢去接触。"人家是穿着那种道袍，飘来的，我们穿这样子的，风格不一样。""他是喝茶的，我是喝酒的，我不要跟他一起。"内心戏不断上演。后来，经过不断的自我调整，我已经可以接受了。现在，我不只能接受了，我还学会欣赏了。

## 第二十九节　具身条件改变，人生观、价值观都会改变

我现在讲课有录音录像，未来几个月、几年、几百年，如果有人想看，就可以看到。如果我在现场同步转播，那么身处英国、美国、法国的人也可以看到。我会把很多资料上传到云端，所以无论我到哪里，我都可以直接下载下来查看。当有一天我迎来人生的"毕业典礼"后，如果有人想看我讲课的内容，他可以在云端下载观看。试想一下，如果唐三藏活在这个科技发达的年代，他去西天取经，佛陀会问他有没有带U盘，然后唐三藏回去取U盘；很多年以后他带来了U盘，佛陀又问他："你带U盘干吗，直接发个账号，我可以传给你，或者我上传至云端，你自己下载就好。"是不是会出现这种情况？

孔子周游列国十四年，去的地方不多，见的人不多，谈的话题也不多。过去如果一个人要从浙江温州到河南郑州讲课，可能中途会迷路，客死他乡都有可能。而现在我从温州坐两个小时飞机到郑州，讲三天课，又从郑州飞到上海，讲三天课，非常便捷。所以我们活在这个时空，是很幸运的。

我们现在可以用非常不一样的科学理论，讲以前无法表达的东西。倒退三十年，你和别人讲蓝牙、Wi-Fi、无线传输都是有难度的。现在如果你有开蓝牙，我也有开蓝牙，根本不用开口，我们之间就可以直接传送文件了。假设我们把植物的叶绿体植入动物的细胞当中，那么动物就能够进行光合作用，照阳光就可以活下来。二十年前有一个院士去美国当科学家，他是全世界唯一可以把老鼠胚胎在体外培育到有心跳的。假如这项技术得以推广，以后我们人类就可以用人造子宫，体外培育胎儿，不需要怀孕。假设我们一出生就装上能够转换一百多种语言的芯片，那么我们每个人都是超级博士，不用说话就可以心心相印，嘴巴变成了装饰品。遗传工程将人的很多基因密码都解密了。如果科学伦理允许，未来你可以制造一个智商250以上，抗紫外线、重金属、有光合作用的孩子。这种可能性会颠覆我们的三观。

现在通用的电脑程序语言是用1和0两码编写的。整个大英博物馆所有的信息都变成1和0的数码信息，变成了数据。1和0是由人来编写的，人的遗传基因由四码A、T、G、C编写而成，A要跟T搭配，G要跟C搭配，C要跟G搭配。人类是四码的，却写出了两码的电脑程序。设想一下，人类就是用四码被创造出来的动物，有一种八码的高级生灵用四码编写出了可以繁殖、新陈代谢、有想法、有感情、有语言，会哭闹、会分辨、会自以为是的人类。一个八码的灵体用四码编写出大自然，然后人类用两码编写出计算机程序语言。现在有一种科技叫人工智能，具备人工智能的机器人可以学习，可以慢慢思考。但是其最大的问题是，它们暂时还没有情感，不会流眼泪。未来说不定人类能够用四码写出人工智能程序，而未来社会的机器人会替代真实的人陪你聊天，帮你煮饭，照顾孩子，跟你哭闹，陪你笑，跟你感同身受，跟你心心相印。这很科幻，不过不久的将来很可能都会有。

假如你可以活到三四百岁，你会在二十岁就结婚吗？你会从二十多岁就工作到两百多岁吗？时间拉长或缩短，人生观就会改变；照个阳光不吃饭就可以活下来，人生观也会改变。我们发现，只要几个具身条件变异一下，一切都会发生改变。

# 第三十节　看清自己的执着

在人生的路上，我们常常活在一种想法里，人很难处在"没有想法的想法""没有念头的念头"中。没有想法的想法是什么想法？没有念头的念头是什么念头？一般人很难进入那种状态。我们可以有想法，但是你要觉察到我们的想法是正面的想法、积极的想法，还是负面的想法、消极的想法。你要了解你的想法，清楚你的想法，然后拿想法有办法。

你可以有想法，但是不要执着于这个想法。因为很多条件在变化，很多想法会由适用变得不适用。很多想法现在是对的，换一个时空未必对，而以前对的现在也未必对。

我们来看一个故事。一百多年前的清朝，一个漂亮的小女生，后面绑着个布条："卖身葬父"。这时候一个员外把她买下来，让她做奴婢或者作为妻妾，还算是良善风俗，也符合当时的道德。人家还会说他是个善人。可是换作现在他敢买吗？一百多年前是合法合情合理的，一百多年后的现在就变成了造孽。以前三妻四妾合法，现在精神出轨都要被骂死，因为时空不一样了。以前合道德的，现在未必合道德；以前对的，现在未必是对的。

我们说，过去一个人的成功是因为这种特性，因为这种人格特质，现在他也会因为这种人格特质而失败。成也是因为这种个性，败也是因为这种个性。过去用这个方法会成功，现在用这个方法却失败了，为什么？因为条件改变了，环境改变了。

所以，执着于某个东西，你是拥有它还是被它拥有？执着于一种想法，你是拥有这个想法还是被这个想法拥有？执着于金钱，你是拥有金钱、掌控金钱、运用金钱，还是被金钱绑架，然后成为它的奴隶？执着于知识，你是善用知识、广用知识，还是被一种固定的知识绑架？不是让你不要有知识，而是要你成为用得了知识的人。不要拿道理来坚持某个道理，而是要活出那个道理之下人该有的样子。

当我们需要阳光的时候，说明我们正身处黑暗中。在某些时候，我们觉知到我们正身在黑暗中。如果你本身是光，你还需要阳光吗？一个人如果需要被关爱，他是在告诉我们他缺少爱。如果人本身就充满了爱呢？何需外来的爱。一位女性，如果她内心就是柔软的，那么她在言谈举止间就会自然流露她的柔软。而男性常常是不够柔软的，因此他需要学习如何变得柔软。总之，有的，就会自然流露；没有的，就要学习。

## 第三十一节　生其心而无所住，不执着

从小到大，我们的想法每隔一段时间就会改变，喜好也会发生改变。一般女孩子在幼儿园阶段会喜欢芭比娃娃，男孩子会喜欢小汽车。但是等他们长大后一般都不玩了。但大部分人在梦里会怕老虎，这说明很多人内心一直没长大。我们的身体一直在变化，但从小怕的东西，可能到老还是怕，从小喜欢的东西，可能到老还是喜欢，还是执着，还是坚持。

我想说的，不是让你不去回想过去，而是不要一直想着过去；不是不规划未来，而是不要一直活在对未来的憧憬里；不是不让你有想法，而是不要受制于自己的想法。这叫"过去心不可得，现在心不可得，未来心不可得。"

佛家还有一句话叫"应无所住而生其心"，讲的是修清净无住的心，或许我们还不能应无所住而生其心，但我们可以生其心而无所住。我们很难不生心，不起念头，没有想法，但我们可以生心，有想法而不执着。

很多女性朋友都期待婚姻能带来幸福，但你有没有想过婚姻也期待你给它幸福？我们都期待家庭给我们支持，但你有没有想过家庭也期待你给它支持？很多时候换个念头，换个逻辑，很多问题就豁然开朗。换位思考，很多问题从对方的角度看是很合理的，而从自己的角度看却常常觉得问题相关者不可理喻。

我们常常都想独立，想要自我。"独立"两个字太敏感了，我们换个说法。人都想要不一样、彰显自我，"这是我的，那也是我的"。我们会发现，紧紧抓住海边的一把沙，这把沙很快就会流走。在紧紧抓住沙子不放的同时，我们也失去了整个沙滩。当我们不再执着于手上的一把沙，能够松开手、放得下，我们就可以拥有整个沙滩。人们常常执着于一个人，却失去了很多朋友，常常因为执着于眼前所拥有的，而失去了最大的拥有。

所以在人生的道路上，我们要看看自己不能解脱的是什么。我们到底被什么绑住了？是被名誉、被情爱，还是被什么执着的想法绑住了？我们要看清楚自己执着的生命状态。然后，唯一能够让我们解脱的就是放下，放不下就不得解脱。

# 第三十二节　打破时空的界限

　　我们把从日出到日落定义为一天。如果现在我们把定义拿掉，没有昨天、今天和明天之分，没有前一分钟、这一分钟和下一分钟之分，还剩下什么？只剩下"当下"。如果把你、我、他之间的界线去掉，你、我、他将成为一体。我们定义的条条框框让万事万物有了区别。我们活在一个个框框里面。

　　庄子说："井蛙不可以语于海者，拘于虚也；夏虫不可以语于冰者，笃于时也。"井底的青蛙，它生活的空间是有限的，所以你和它说天有多大，海有多阔，它是不了解的；夏天的虫子它了解夏天，到秋天的时候就死掉了，所以它很难听懂你描绘的秋天、冬天的景色，甚至不知道有冬天，它受限于短暂的生命。

庄子还说："曲士不可以语于道者，束于教也。" 你有没有发现知识分子都停留在知道的层面？学校考你知不知道，但老天要考你做不做得到，最后就看你要成为什么样的人啦！我们都在讲道理，争对错好坏，结果离真理越来越远。很多人的知识是断断续续积累的，知识库里都是零散的知识点，所以你和他讲完整的大道，讲全息，他是理解不了的。讲相对独立一点的知识，他或许听得懂。和他讲单独的春天，他听得懂；讲单独的夏天，他听得懂；讲单独的秋天，他听得懂；讲单独的冬天，他听得懂。但你把春夏秋冬连起来讲给他听，他可能就听不懂了。这就像一个从来没有离开过深山里的人，你跟他讲北京，他是无法理解你在讲什么的，不是他不聪明或没智慧，而是他受限于时空，还有他所经历的东西。

即使是春夏秋冬，每一年的春夏秋冬也都是不一样的。在你我各自生活的城市，春夏秋冬也是不一样的。在中国台湾的高雄地区，冬天的平均气温是15—20度，3月份的时候气温大概会上升到30度，都要开冷气了；而我一飞到温州，气温只有5—10度，同样是冬天，对于我这个长期在台湾生活的人来说那是寒冬。上完课后飞上海，上海气温大概有10

度，之后再飞回高雄。这半个月里，我便经历了气温上的春夏秋冬。假设按经历一个春夏秋冬就是"一年"来算，我一年出来几次就等于经历了好几年。所以你的春夏秋冬和我的春夏秋冬不一样，你的一年和我的一年也不一样。

其实我们身上每一个细胞都具足生命全部的遗传信息。未来的科技可以发展到把你的一个细胞拿出来克隆一个完整的你。假设人就是宇宙的一个细胞，当你能够了解你内在的小周天，你便可以了解外在的大周天了。佛家讲拈花示众，一朵花也储存了整个宇宙的信息，我们透过它来了解很多宇宙的原理。

如果我们可以打破时空的界限，出离我们的定见和分别心，我们就能够看到和理解以前看不到、听不到、不了解的事情。那是一个更广阔的世界。

# 第三十三节　从对方的需要出发

　　小米公司一开始为手机用户建立了一个网站，后来又建了手机喜爱者的群，借此了解大家喜欢什么样功能的手机，最期待什么样的功能，能接受的价格范围是什么，有多少人有这样的需求。这就是收集大数据。于是小米手机生产出来后很快就卖完了，因为它是从客户的需求出发的。

　　假如在未来社会，人体可以复制，记忆可以转移、保存，那么我们可以复制一具肉体，等原本的肉体老化了，衰竭了，把记忆取出来，放到复制的肉体中去。指纹和瞳孔本身就像是二维码，机器一照射，你的信息就出来了。我们的耳朵、脚掌等，都是信息源。你的一个眼神、一个肢体动作，跟你聊天的时候你的一个回应，你对某个问题的反应方式，都会暴露你的信息。懂的人一观察，就知道你发生了什么事，你卡在了哪里。

病也是一种相，中医经过望、闻、问、切，就知道你的内在怎么了，就像大数据搜寻一样。模仿一个人，你只要抓住几个关键点就可以了，比如肢体动作怎么做的，讲话用什么语调，讲话的逻辑是怎么样的。抓住几项重要数据，我就可以抓住大体的你。

有一位老爷爷在孙子大学毕业之际，觉得家里培养出了一个非常优秀的孙子，想要买一辆车送给孙子做礼物。到了车行之后，他和销售人员说："我孙子很优秀，大学要毕业了，我很高兴，我要买辆车送给他。"那个销售人员就开始给他介绍各种性能的车子，讲完后爷爷没有买就走了。过了两天，那个销售人员给那个爷爷打电话，说："爷爷你可不可以给年轻人一个机会，告诉我，你没买的原因是什么？我可以改进。"爷爷告诉他："我一直在说我的孙子，你一直在说你的车子，这就是我为什么没买你的车的原因。"如果那个销售人员从爷爷的角度讲过来，先肯定爷爷的孙子，比如对爷爷说"爷爷您的家里培养出了这么一个大学生，您的家教一定很好，德行好才有这样的福气"，顺着这样的藤就可以摸到瓜了。要知道那个爷爷为什么要来买车，从他身上就可以找到数据。

同样，如果我讲课想让别人的生命状态变得更好，我就不能是从我这边讲过去，而是得从听众那边讲过来。因为我要搜寻大数据，看大家的眼神、表情，看大家的肢体动作，搜寻资料，再决定怎么讲课，怎么给反馈。

你在和你的家人、朋友互动时，有没有发现你的心智模式，往往是站在自己的角度上？就像兔子拿着胡萝卜钓鱼，它给鱼的是它自己最喜欢的胡萝卜，它的心智模式是：我有什么就给你什么。而另一种心智模式是：你要什么？我有没有？有的话就满足你。所以一个是从自己这边过去的，一个是从对方那边来的。从对方那边看过来，叫将心比心；从自己这边看过去，叫自以为是。和人相处，你有没有发现自己的问题在哪里？很可能你都是从自己的角度出发的，从未站在对方的角度看问题。可能你已经把自己最爱的胡萝卜给出来了，对方还是不满意。

## 第三十四节　离境的智慧

我们常说要不失本心、本性，不离本宗。道理很简单，但我们在行动的过程中常常是落在相上打转，相很容易引起我们的情绪，情绪一上来人的智慧就降低了。

你或许从来没有想过跳出你我之间，站在第三者的角度看问题，或许从来没有想过跳出本国文化，用其他文化来理解某种现象。你一直在庐山中，看不到庐山真面目。除非离开庐山，否则你永远看不清庐山真面目。我们应该出离自己看自己、阅读自己、品尝自己。一般在具体的情境中，我们的情绪是很高涨的。那你有没有想过摆脱那种情绪，离开那种情境，先让自己冷静下来？

有个爸爸对女儿说："宝宝啊，妈妈老了，爸爸给你换个年轻的妈妈好不好？"一般小女孩听到这个就会产生情绪，说"我不要，我不要"，但故事中的小女孩却顺着这句话的逻辑说："我妈妈老了，你要换我妈妈，那你妈妈更老，为什么不换你妈妈？"她没有被情绪绑架，顺着爸爸的逻辑讲，所以爸爸无法反驳。

有一个老人想买三个西红柿，老板称了一下说共一斤三两，67块新台币，老先生说："我吃不了那么多，我就要这两个较小的西红柿就好了。"老板说刚好一斤要50块。如果你是那位老先生，看到老板把那个大的拿掉才少三两，会不会感到生气？一般人都会。可是那个老先生却直接把那个大的拿走，给了老板17块。

我们情绪起来的时候智商就会降低，智慧就不见了，所以处理事情之前要先处理好自己的情绪，先离境。一般大企业主做重大决策的时候通常都会先离开那个境，一个人到一个清静之地住个几天。离开自我看自我，离开境来看境，离开庐山看庐山。与此类似，我们是不是该学习离开我们的人生，回看我们的人生？离开我们的家，回看我们的家？离开我们的婚姻，回看我们的婚姻？离开我们的文化，回看我们的文化？

有一次，一个同事到我办公室跟我谈事情，才开口没多久，我心里火就起来了。然后我对他说，你先坐一下，我上个厕所。其实我去洗手间是为了暂时离开那个境，等我把情绪处理好后再回来。同样的情境之下，我还可以说我还有事情要处理，让他先在外面坐一下，等我十分钟，处理好再找他谈。这就是离境，争取一点空间，让自己的情绪先平静下来。先了解他到底要和我谈什么，我可以用什么样的方式来倾听，看看他到底怎么了，从他的立场出发来思考他为什么要那么说，是不是我们会更具智慧？

我女儿用七年的时间打通了我的觉察，也挽救了我的婚姻。以前我这种小心眼儿的人，只要一生气就可以一两个星期不和人说话，现在我能够觉察到我的情绪，及时止住。比如说当我的儿子和女儿都向着我妻子说话、我感到不开心的时候，我会暂时离开事情发生的场所，进入房间，思考下我到底怎么了。其实我只是对我老婆不爽而已。孩子没有站在我这边讲话，我就迁怒于他们。这个时候谁讲话都会让我感到不爽，只要不和我站在一边，我就会生气。所以他们很无辜，他们只是按照我要的剧本演出而已。当我能够对自己有所觉察时，我就能看到自己的内心。

想象一下50年后，你已经80多岁了，人生已经快"毕业典礼"了，再回看50年前发生的某件事，你的心情是不是会比较平静，会觉得其实也没什么？

转念是一种出离，指的是离开原本的心智模式，离开原本的境。离开当前的想法，就进入另一种境了。可为什么原本的情绪还没有消失？因为你这台电脑打开太多程序了，原本的程序还在运转，没有关掉，没有真正离境。

## 第三十五节　一念之转

我们说外在就是内在的呈现，境由心造，相由心生。你外在的处事模式，其实都在反映你内在的心智模式。人很难内在忧郁，外在阳光。有人看到半杯水说："不错，还有半杯水哦！"有人会说："哎哟，只有半杯水了！"然后内心就忧郁了。因此，事情是外在的，问题是内在的，而内在又能反映出你看自己的心智模式，看自己的眼光。

很多事情常常是一念之转。

如果一把折扇上画的是牡丹花，那么我们一般会联想到富贵。假设刚好有一朵牡丹花画在折扇的边儿上，偏巧折扇又缺了一角儿，有人要去买这把折扇的时候发现了，他什么感觉？他觉得这个寓意不好，牡丹是富贵的象征，它缺一角说明什么？说明富贵不全。他心想，这个画家这么有名，居然画一个富贵不全的牡丹花折扇来卖，不买不买。结果介绍折扇的人说："这个折扇好啊，富贵无边啊！"于是这个买画的人便连连说："哦，好！我买！我买！"这是不是一念之转？折扇是不是一样的折扇？因此事情还是事情，不同的只是你的念头而已。好跟坏只是一念之间。

古时候考生进京赶考都要很早就找一间客栈住在那里，熟悉环境，安顿下来。有一个考生在客栈住了两三天后突然做了一个梦，梦见他在墙壁上种菜，然后晴天还打伞，他跟表妹脱光衣服背对背睡觉。（各位，以前是可以娶表妹的。）他觉得这个梦很奇怪，隔天便找了一个人帮他解梦。人家问："你来京城做什么？"他说："考状元啊！"那人说："哎，我看你还是早点回去吧。墙壁上种菜，等于白种啊！晴天打伞，多此一举。跟表妹脱光衣服背对背睡觉，没戏唱。"于是他回到客栈就开始打包，到柜台那里结账。掌柜感到很奇怪，问他："你怎么回事，无精打采的？还要结账，不是过两天就考试了吗？"他说："唉，前两天做了一个梦……回去了，不再浪费钱了。"这个掌柜一听完他的梦，马上说："恭喜恭喜啊！墙壁上种菜，叫作高中啊！晴天打伞，有备无患。跟表妹脱光衣服背对背睡觉，告诉你这是你翻身的机会！"考生听后，心方安定下来。

你看，一念之转，心境大不同。

## 第三十六节　当下改变过去及未来

如何让我们的过去不等于现在，不等于未来呢？

假如上个星期我和朋友吵架了，我俩心里都觉得不舒服。这个星期我再看到他，第一个浮现出来的念头就是上个星期我和他吵过架，心里很不舒服。当这种感觉产生后，我会继续带着上个星期的想法、说法、做法与他互动，他就会再次看到我那种"死性不改"的样子。他很可能一下子火就起来了，马上用上个星期的想法、说法、做法回应我。我们就是这样活在了惯性里，这种惯性的互动模式建立在惯性的思维和价值观之上。这便是一个让过去等于现在的例子。

如果当我生出不舒服的情绪时，我能够马上觉察到，立刻止住，然后问问自己：到底我坚持怎样的想法、说法、做法，以致造成了今天这样的局面？这样的局面是我想要的吗？难道以后每次看到他我都要生出这种不好的情绪吗？我到底想要什么？

如果我想要的是，每次看到他就像见到了从小一起长大的朋友的感觉，那我就要调整自己的心智模式，调整我的想法、我的言语、态度和行为。我可以先退一步，给他一个拥抱。当他发现我的改变后，他的想法、说法、做法也会相应地发生改变。我们的关系就不再是上个礼拜吵架的关系了。等到下个礼拜我们再次见到，我们双方的感觉也就不再是上个礼拜对对方不舒服的感觉了。从某种意义上讲，这样我当下的想法、说法和做法就截断了过去，改变了未来。只有当下才可以改变过去、现在和未来。

把当下交给自己，我们可以活出不一样的生命状态。过去已经过去，我们可以用不同的心智模式重新再来。未来是由现在决定的，所以把一切的当下交给自己，把每一个当下交给自己，然后一切随缘。

不妨想想你跟家人的互动模式是否需要改变。当你调整了你的想法、说法、做法，不再用对抗的模式与之相处时，你们之间的问题也就烟消云散了。

# 第三十七节　拿什么大过当下的发生？

有句话说：女人不发昏，是不会结婚的。自己很有想法，对方也很有想法，如何让你的生命底蕴大过那个想法，承载别人和你不同的想法？还记得那个三乘八的故事吗？当我们遇到某些人、事、物时，我们会生出某些是非好坏的评判。那个认为三八二十四的人一直在和那个认为三八二十一的人讲道理，他就一直活在道理的层次。

男性比较爱走"脑经"，爱讲道理；而女性，特别是做了妈妈的女性，却大为不同。当孩子到了叛逆期的时候，很多爸爸的态度是这样的："我为了你、为了这个家，做出那么大的牺牲，你现在用这种态度和我说话，你给我去死，当我没生过你……"这是爸爸的剧本。可是妈妈的剧本不同："全世界都可以放弃你，妈妈绝不会放弃你，我会想方设法让你回到正轨……"难道妈妈不懂道理吗，不懂说教吗？不，但妈妈的爱大过孩子的叛逆，而爸爸仅仅活在道理的层次。妈妈的爱是活在心里的，心是可以承载别人的不容易、承载别人的不同、承载孩子成长过程中可能犯的错误的。

当我们遇到事情的时候，我们拿什么大过它？

有个小女孩穿着妈妈刚给她买的新衣服出去了，回来的时候衣服破了一个洞。妈妈看到的是衣服，于是说："你怎么搞的，这衣服刚买的就坏了！"小女孩生气地脱下衣服说："还给你啦，你爱衣服胜过爱我！"心智模式不同，看见就不同。有一个小孩子把一只受伤的小狗从草丛里抱出来，衣服上沾满了泥巴。在那个当下，我们是看见了他弄脏的衣服，还是看见了他身上散发的爱？

小男孩用爱大过对衣服干净的执着。在我们前面讲的商人买马的故事中，甲商人看到的是众生，所以他会超越道理，超越事情的发生，用对众生的慈悲大过乙商人的奸诈。每个当下，大家都要看到自己的生命状态。人世间有很多事情，我们拿什么大过它？

有个笑话是：如果歹徒绑架了老公，老婆会卖房子、卖车子，筹钱把老公赎回来；如果歹徒绑架了老婆，老公什么条件都会满足，唯一的要求就是不能放人回来。这里老婆拿爱大过钱，那老公拿什么大过什么？

　　男性常常一有钱就买车，女性常常一有钱就买房子，因为要安家。"安家"的"安"里面有"女"人才会安，"早上好"好里面也是有"女"人才会好，不管是"安"还是"好"，一定要有女人才会安好。妈妈在的地方就是家。当你外出工作，很久没有回家了，妈妈就会打电话给你说："回来吧！妈妈想你。"妈妈经常会用爱大过孩子的不明理、不懂事，用爱抚平孩子的叛逆期。现代社会晚婚的人比较多，很多人往往用自己的更年期来对抗孩子叛逆期。当你用负面的方式来对待孩子时，他的反作用力就会越大，他的叛逆期就会越长。我尝试过，当我用比较强势的方式跟孩子对话时，他们马上就会以牙还牙；当我用平和的态度跟孩子对话时，他们对我的态度也会好很多。所以我的两个孩子的叛逆期都很短。总之，当我们遇到某些事情时，想想我们拿什么大过它。

## 第三十八节　在不同的高度，看到不同的风光

在不同的高度，你会看到不同的风光。爸爸妈妈带着孩子去百货公司，爸爸妈妈逛得很开心，孩子却吵着要回家，大人不解。当大人蹲下来，从孩子的高度看过去，发现看到的全是大腿、屁股、包包。这时候爸爸就把孩子抱起来放在肩上，顿时孩子看到了不同的景色。所以每个人内心的高度不同，就很难沟通顺畅。高度不同，就很难理解对方，就很容易误会。孩子的高度看到的世界和大人的高度看到的世界是不同的。员工看事情的角度，和老板的也是不一样的。如何让别人看到你的高度，这就是学问，这就是艺术。

男性和女性的生命旅程也是不一样的。结婚，一般都是女性嫁到男性家里。女性在自己熟悉的环境里生活了二三十年，突然跟一个人结婚，来到一个人生地不熟的地方，只认

识一个人（丈夫），却要跟对方的家人在一起生活，跟他的家族结合在一起。两个人在认识之前已经形成了各自的人生观、价值观、世界观，所以两个人要生活在一起不容易。我今年53岁，跟我老婆认识47年，我家卖竹子，她家卖木头，可谓"青梅竹马"。我老婆是家里的老大，我是家里的老么；她是务实的金牛座，我是浪漫的双鱼座；她属老虎，我属兔子。然后她从家里的老大，嫁到我这边来变成老么的媳妇，这种人生的剧本不好写吧？不过我们还过得好好的。我们要换个心智模式，才能享受人生的不同。

# 第三十九节　彼此护持，自由自在

　　你是否曾抓住世俗的道理不放过别人？假设我要控制一个人的自由，那么他可以打瞌睡，我不敢打瞌睡，我一打瞌睡，他就跑掉了。他上洗手间，我得在外面守着怕他跑掉，我不敢去洗手间因为怕他跑掉。我们再举一个养育孩子的例子。很多父母在养育孩子的时候，希望孩子什么都听自己的，怕孩子在外边捣乱、惹是生非，于是除了睡觉，把时间全花在孩子身上。孩子感到一举一动都得按照父母的要求来，没有自主权，父母也感到自己完全没有私人空间去做一些私人的事情。由此看来，我们在控制一个人的自由的时候，最不自由的是谁？是自己。不妨想想看，你是否有在控制丈夫、孩子、妻子，用一把尺子要求别人，然后自己不得解脱呢？

每个人都想活出自己最恢宏的生命版本，难道你的伴侣不想吗？难道他就一定要被绑在家里、孩子身上来成就你吗？你活一生，他也活一生，为什么要牺牲他来成就你？所以我慢慢地学会了尊重我老婆。

她是外语专业出身的，很年轻时就在外贸公司带着工程师们到欧美国家考察学习，她是走国际路线的。但是我就守在乡下，走乡土路线。她每次出去，都是我在家里当后盾。一次、两次，慢慢地一年过去了，三年过去了。一开始我的内心也会有想法，但自从有了上面的体悟之后，我开始受而无怨，给她更大的空间，让她不用烦恼家里的事情。慢慢地她从公司的行政人员，升职为业务主管，再升任几个部门的管理者。每一个部门里都有很多重点大学的高才生，而她是专科语言学校毕业的，但她依然做得风生水起。

换个角度来看，你想活出精彩的一生，而你有没有给父母、孩子、伴侣空间，让他们也活出精彩的一生？当你开始给父母空间、给孩子空间、给伴侣空间后，你会发现彼此都自由自在，彼此都会包容、护持对方。

你有没有给自己空间、给家人空间，这是你必须去思考的。否则你就会像我之前一样，人家吃个蒸饺放下筷子，就可以让你气得想在离婚协议书上签字。我们必须随时看看我们怎么啦！

在终点相遇

# 第四十节　命运的线性逻辑

我们经常会提到"命运"两个字。我认为我们这一世活出来的生命状态、人和我之间的关系、最后的结局，就是我们的命运。从心理学的角度讲，改变一个人的命运首先要改变一个人的性格。

那么我们的性格又是如何养成的呢？每个人都有自己的人生观、价值观、世界观。在面对外在的人、事、物时，他会这么说、这么做、有这样的情绪反应，久而久之，他就会习惯这么说、这么做、这样反应，养成某种性格。

假设命运是果，那么性格就是因；假设性格是果，那么习惯就是因；如果习惯是果，那么一个人平时的一言一行就是因；如果一言一行是果，那么一个人的想法、看法就是因。这是简单的线性逻辑，不是系统逻辑。以养孩子为例，如果从一开始我们就教导他该如何正确地看待、思考人、事、物，他的一言一行会不会改变？他的习惯会不会改变？他的性格会不会改变？最后，他的命运会不会改变？因此，改变命运不是在果上下功夫，而是要改变最初的因。倘若真有命运的话，命运是遵循线性逻辑的。

　　所以，你想要改变你的命运，最先要改变的是什么？从你的起心动念开始。

# 第四十一节　人外有人，天外有天

人外有人，天外有天。

所以我们一定要谦卑。苏格拉底说："我唯一知道的就是我什么都不知道！"像这样一位具有极高智慧的圣人都如此谦卑，我们还有什么理由不谦卑呢？我们绝大部分人都是半瓶水，晃一晃声音很响，但是没什么内容。什么人喜欢沉默？不是空的人，就是满的人。绝大部分人像我一样爱讲话，好为人师，学了三招，就下山成为老师。人一拿了麦克风，上了讲台，当了几年老师，腰弯不下来，很难谦卑了。我回台湾，会找一个地方，继续趴下来当学生，以降服自己的傲慢。或许有人在自己的领域里做得风生水起，打出了一片天地，但越是这样的人越可能少了一份谦卑、柔软、包容和善解。

能够做到"人生得意而不得意"很难，这样的人可谓凤毛麟角。如果真遇到了这样的人，千万别错过了学习的机会。我们在成长过程中，常常会觉得自己和一些人相比已经很厉害了，但是谦卑很重要，我们需要随时告诉自己人外有人，天外有天。骄傲的人嫉妒心很强，嫉妒心很强的人受到的最大惩罚就是学不到别人的优点。嫉妒心一起，人就会想："他有什么了不起啊！"这样就什么也学不到。如果谦卑一点，对对方说："教教我吧，你好厉害！"别人就愿意教你，你就可以学到别人的好。因此，嫉妒心一起受到的最大惩罚就是学不到更多。

# 第四十二节　做一个干净的人

我们买房子的时候都是按平方付费的，每个平方都是花钱了的，可是住进去之后很多地方都用来囤积东西了，变成了仓库。我家房子里有一间是给住家阿姨用的，里面放了一些我们的旧物，我们已经住了八年了还有很多搬家时带过来的箱子没有打开，可见很多东西是根本用不到的。

台湾有一个电视主持人叫于美儿，她跟儿子逛街买东西，儿子就在想买什么。她对儿子说："你可以买东西，但是你买东西之前，问问自己，这个东西能让你快乐多久？如果只快乐十分钟、一个小时，那么你就要想一想要不要买了。"

女士们，你们的包包是不是有放了两三个月都没有用过的？房间和床头是不是有很多东西放了几个月都没有用过、也没有清理呢？回去整理整理吧！否则，你有钱却也会徒增很多烦恼，因为会有很多小事情来困扰你。

有钱却烦恼无边，是富而不贵。贵妇吃饱了没事干就是吃吃水果，喝喝咖啡，聊聊是非。再升级一点就是喝喝茶，聊因果，聊觉察。所以，从穿着开始，从面容开始，有事儿没事儿地把自己弄得干干净净，把家里弄得干干净净吧。相由心生，境由心造，有些人长得干干净净，有些人看上去就是乌云，很多内在从外在都能看出来的。心清净，人也干净了。

# 第四十三节　联合统整的心智

对别人，有时候我们说话要点到为止，有时候却要直话直说，有时候要且慢出口、且慢出手，但有时候又要及时出口、及时出手。具体怎么说，怎么做，都离不开智慧。什么时候你要掌控全盘，什么时候你要权力下放，让每个人都有舞台和空间，什么时候你要强势主导，教育他人，什么时候你又要让他们可以成师成将，这都需要智慧。

对自己，时间不到，火候不足，德性不够，这时候上台为师不是好事。现代人不缺少道理，不缺少口才，不缺少才艺，听一听别人的东西，整理一下，马上就能上台。上台一身正气，下台一身习气，人法不合一，失了德性。没有一定的德性，下台被别人一问便倒了，所以很多人一讲完课就跑，怕被问，因为都是从网络与书上整理过来的知识、道理，不是自己体悟出来的，不是自己活出来的。

有时候改变不是说你做了什么，而是你不再去做什么。有时候我们都觉得拥有什么才有实在的感觉，但有时候我们会发现，放下了什么才会找回真实的自我。我们常常会单面思考、单向思考，而没有逆向思考、反向思考。我们从来都是有方向的思考，从来没有想过也有没有方向的思考。

当你面对聪明的人，你就要装傻，不然你就跟他讲智慧；当你面对有智慧的人，就要跟他讲高明；面对高明的人，要跟他讲境界；面对境界很高的人，就跟他讲无我。面对一个很富有的人，要引他思考：当这个"有"没有了，你会如何？有是有形的，那么你曾想过"有"背后的那个无形存在吗？

你有没有发现有一类人很忙，忙着帮人解决事情？很多人只要一有事情就去找他们，因为他们很厉害、很聪明、很有能力、很有方法，找他们就能把一切搞定。他们一直在忙着帮别人解决问题，他们是聪明人。可是聪明人是教别人如何解决问题，有智慧的人是让事情不发生。这就是聪明人和智者的区别。

# 第四十四节　信与不信，真理一直在那里

　　铅笔的笔芯是用碳做的，称为石墨。在电池里面也有一个黑黑软软的东西，也是石墨。石墨是碳元素构成的，分子是平面结构，我们称它为sp2结构。石墨是碳的一种同素异形体。人体内含有很大比例的碳水化合物。电影《阿凡达》里面的人物，跳上跳下都不会骨折，因为他们的骨骼已经碳纤维化了。

　　石墨在地底下，经过数千年、上亿年，大部分被烧掉了，灰飞烟灭，只有极少部分在高压之下，分子结构发生了巨变，由碳元素的平面结构变成了立体结构，形成了天然钻石。几十年前，以色列科学家在一个铁管中间放着石墨，两边放TNT炸药，两边同时引爆，石墨分子结构被瞬间挤压，于是制成了人造钻石。

这些科学所发现的东西都是之前就真实存在的，属于真理范畴。

我们人类也只有在近百年才发现地心引力的存在。在地心引力被发现之前，地球上的一切也一直受地心引力的影响。牛顿有一天坐在苹果树下，发现树叶掉下来，苹果掉下来。他就想为什么都要掉下来，为什么不停在那里，或飞到天上去？是什么东西吸引着它们往下落？牛顿领悟出地球有吸引力，得出了地心引力的概念。这个概念被发现了，就像真理之花一样，但它其实早就在那里了，不管我们有没有发现它，都一直在受它影响。

但有时候真理总是需要仰仗于一个瞬间的巨变条件才能被发现，这就像有一类人，大病一场或经历一场巨大的挫折后，突然之间就醒过来，大彻大悟了。

# 第四十五节　高一个维度看问题

　　人一看到捕鼠器就知道那是陷阱，只有老鼠不知道。我们养松鼠，会把它放进一个圆形的笼子里，松鼠以为自己在向前走，很努力地跑啊跑，可是我们站在笼子外面看，会觉得它只是在绕圈圈。脸盆里的小昆虫沿着脸盆周围一直绕圈圈，却以为自己一直在走直线能走出去，可是在我们看来，它不过是一直在循环。因为我们不只是跳出那个平面来看，也是以一个更高的智慧维度在看。

　　蚂蚁看到的是二维的世界，看不到三维的世界，如果改变它的躯体构造，使之能够看到三维世界的景象，那么它的世界观就可能会改变。同样的道理，如果对活在三维世界的人类进行改造，然后将其放到四维世界中，那么我们看到的景色也会是完全不一样的。

我们再借用佛教的术语来解释这个逻辑。假设世界上有所谓的菩萨仙界，那么他们来到人间，就会像我们看掉到水里的小虫子一样，一看就知道哪些是六道轮回的陷阱，但人却陷在里面出不来。所以如果我们有更高的智慧去看见，看见了之后就不会继续在陷阱里绕来绕去了。

　　至今我们仍未能对宇宙有一个全面的认识，人类对世界的认识受限于自己所处的时空，受限于科学的发展和我们智慧的维度。所以当我们遇到无解的事情时，不妨从事情中抽离出来、跳脱出来，去设想在一个更高的维度上，该如何去理解、求解问题。

## 第四十六节　修过苦难是成长

　　人生，我们会拥有很多东西，没有的时候很想拥有，拥有之后又快乐不了多久。没有结婚的，都很想要结婚。结了婚以后，不少人都后悔了吧。有些人没有后悔，因为婚后依然很幸福。面对爱情，有些人可能会有无边的憧憬，但结完婚后才发觉，婚姻是爱情的坟墓，每年结婚纪念日就是扫墓节。不要听完这句话之后你就去离婚，我不是反对结婚，我想表达的是无论是否结婚，你都要活出生命的意义，要用婚姻或独身来完善自己的生命。你们各自想怎样过就怎样过，但最好透过一切、经历一切，然后顿悟，而不是拥有一切、占有一切而不知觉。

　　我们的一生要经历很多东西，我们要接得住。接得住不是强忍，因为忍久了就会生病。相由心生，病也是一种相。我们不仅要接得住，还得转得了，化得掉。

一个人所遇到的问题，你可以把它当作苦难，也可以把它当作补药。只要苦过这些苦，难过这些难，你的生命就会更有底蕴、更有智慧、更有能量。从苦难中，你能够吸取更高的智慧和更多的养分。这样你就不会白白受苦、白白难过，不要让事情白白发生。你要透过这些发生萃取一些生命的养分，从中得到更多的启发。苦难不是为了让你痛苦，而是为了让你成长。

我们小学二年级的时候要背九九乘法表。一开始有点难，要正背、倒背、抽背。背完考过之后，你会发现也不是那么难。直到现在，我们买东西还会用到九九乘法表，但它已经不再是我们的"问题功课"了。你第一次做自我介绍时会不会紧张？紧张是不是人生的功课？难道你紧张以后就不用再做自我介绍了吗？以后在不同的场合你还是需要做自我介绍的，只是那时候你做自我介绍已经不再是问题了。

所以，人生中有很多的功课我们必须修过，修过了不代表不会再遇到同样的问题，而是当你遇到了同样的问题，你有能力解决。但是如果你没有修过这个功课，那么当你再遇到同样的问题时，就会重蹈覆辙。

　　绝大部分的人都在用苦难来成长，所谓"经一事，长一智"。人们能够经一事，长一智还算不错了，可是什么时候你可以修在境界来临之前？何时你可以修在事情发生之前？

# 第四十七节　放大你的心量就不苦

　　假设人生是一个浅盘子，人生的苦难是一勺盐，这一勺盐丢到浅盘子里，就太多了，很难溶解，里面的水会很苦涩。假设人生的苦难就那么多，但我把心量、生命状态变成一个水缸，同样的苦丢进来，那么就不太苦了。透过生命的成长、心灵的提升，把你的心量变成一个湖泊，把盐倒进去，根本不会苦，不会咸，还会有点甘甜。如果再把心量变成海洋，变成虚空，苦还是那些苦，可是当你变成虚空的时候，它根本就不存在。

　　在东方的修行中，有一种叫渐修的：身是菩提树，心是明镜台，时时勤拂拭，勿使惹尘埃。就是赶快去清洗一下，不要让灰尘在那边，内心随时都要觉察有什么不妥的念头、认知、想法。还有一种修行是：菩提本无树，明镜亦非台，本来无一物，何处惹尘埃！这是两种不同的心量和境界。

所以，苦是什么？你天天盯着它，就会苦，那是你的心在放大你的苦难。什么时候它可以不苦？放大你的心量就不会苦。

# 第四十八节　提升生命境界的瓶颈

曾经有个毒蝎子要过河，它想说服一个猴子背它过河。猴子说："我傻啊！被你刺死怎么办？"蝎子说："你死了我也会死啊！"猴子觉得很有道理，然后就背蝎子过河。然而在过河过到一半的时候，猴子被蝎子刺了一下。临死前，猴子吃惊地问蝎子："你不是说不会刺我的吗？我死了你也会死啊！"蝎子说："没有办法，这是我的惯性啊！"这个故事告诉我们，当我们的惯性大过我们已知的道理时，我们就遇到了提升生命境界的瓶颈。毒蝎子能说服猴子一定是懂很多道理，口才也很好，可是惯性却把它打回了原形，并害死了自己。

热气球上有一个喷灯。按说点燃喷灯后，热气球应该升上去。而热气球升不上去，是因为被绳索绑在了原地，上面还挂了很多沙包。人也一样。有的人懂很多道理，但生命境界就是提升不上去，因为他们身上还有很多绳索、沙包。这些绳索、沙包就是他们的执着、惯性。要解脱，就要解开绳索，把沙包一个一个丢掉，生命境界才能越升越高。

数千年来，人们习惯了囤积和储存，却很少有人能承受生命之轻。什么都放下人就会变得很轻松，可是人们往往选择背着房子、背着压力生活，这就是惯性的执着。我们要听道理，更要践行道理，不要受惯性所困而不得解脱。

# 第四十九节　处处是明师

　　十几年前，我在自家附近看到两辆车碰撞了一下，前面车子的四个门同时打开，下来四位妇人，同时往后走，敲了敲后面的车门，车上下来一位大肚子的少妇。四位妇人分别给她一个拥抱，并且说："没事的，没事的，你不要紧张……"这一幕我看在眼里，看进了心里。后来有一天我下班等红绿灯的时候，后面的车子突然就撞了我的车尾，我开门往后走，发现车上是个少妇，车上还有两个孩子，她把车窗摇下来，我说："孩子有没有事，不要紧张，交给保险公司就好。"如果不是十几年前那几个妇人的现身说法，我可能就会像流氓一样，对那位少妇大吼："你瞎眼了，不会开车啊！"多年前的那四位妇人教会了我不一样的处世之道。

　　各位，你的生活中有没有一些正能量的事件，教会你在遇到事情的时候从容应对呢?

　　同样是十几年前,有一天在我准备下班时,我透过窗户看到外面马路上有一只狗被压死了,肠子都出来了。街边的路灯很昏暗,有一个高中女生骑脚踏车经过看到后,停下来到旁边的果菜市场拿了一个纸箱,用手把它放进去,然后带它骑走了。那一幕我一直记在心里。

　　过了几个月后,有一天我去岳母那儿载孩子回家,当时快晚上十二点了,我看到大马路上有一只小猫躺在路中间,我想起了那个高中女生。我车子的后面还坐有儿女,我想以身示法,于是我把小猫从路中间抱到路灯旁边,想开车进去拿个纸箱出来,等我再出来时那只猫已经不见了。无论如何,如果没有前面那个高中女生的生命示现,我想我当时是做不到的。

　　又过了几个月,我带孩子到我爸爸的别墅去。在围墙外面的水沟里,有一个捕兽器夹住了一只猫,猫的腿断了,皮却还连着,我不知道它被夹了多久。我想如果我去救它的话它可能会咬我,孩子们也对我说它会咬我。但我说没关系,让它咬,你不救它,它会死。等我把那个捕兽器弄开之后,在我去里面拿食物的空当儿,猫已经不见了。隔天有一个同事对我说："黄老师，你不是胃溃疡二十几年都治不好嘛，我听说有个地方治疗胃溃疡很灵，你可以去试试！"我爸爸、二哥都有胃穿孔的病史，一二十年前做胃镜是很恐怖的，那个胃镜很粗，技术也不好，我一直不敢用。可是等我去到同事说的地方后，医生说做个胃镜吧，我居然没有任何反抗，说好，他说再做个切片吧，我也说好。检测结果显示，我体内的幽门螺杆菌浓度太高了，所以才会一直胃溃疡。医生给我开了一个礼拜的抗生素，把幽门螺杆菌杀掉，然后又让我吃了一个月的药把胃壁补起来，到现在十几年了我都没有胃痛过。这两件事有关系吗？那要看你怎么看喽，人们常说"救人一命胜造七级浮屠"，而猫有九条命呢，我是不是太划算了？

其实我想说的是，生活中发生的事情都在教导我们，只要我们打开觉察，生活中处处是真理示现，处处有名师。

中国台湾地区早期提倡发展渔业，渔民需要把新鲜的鱼运输到日本去，因为日本人很喜欢吃鱼，而且一定要新鲜的。以鳗鱼的运输为例，在运送过程中鳗鱼很快就会死掉，整批货的收益就会降下来，那么如何让鳗鱼在运输过程中保持新鲜与活力呢？其中一个办法就是放一条鲶鱼到鳗鱼群中。鲶鱼会抓它们，会搅动其他鱼。为了躲避鲶鱼，鳗鱼在狭窄的空间上蹿下跳，就这么一路躲到日本去还活着。同理，如果一个公司里的氛围死气沉沉的，这时忽然来了一个很强、很有冲劲儿的人，大家立刻就会感觉到压力，赶快努力起来。从这个角度来看，所有成功的人都应该感谢那些过去伤害过他的人。如果他还没有感恩，说明他还没有成功。

几个月前，我从上海浦东机场飞台湾的时候，有朋友请我在机场喝咖啡。我点了一杯最便宜的咖啡，三十七元人民币，我觉得太贵了。我点的咖啡送来时只有很小一杯，一口就能喝掉，但我没有糟蹋这杯咖啡。我先闻了一下，然后慢慢品味，喝完之后，我又闻了一下咖啡香，忽然就来了灵感。我刚在品咖啡时的一系列行为，在告诉我些什么道理呢？如果我自己就是这杯咖啡，那么我想带给别人怎样的感觉呢？是香醇，还是喝了一口就再也不想喝了？这就是一杯咖啡带给我的启示，打开觉察，处处是明师。

就好像我女儿的事情，她功课很差还看《天线宝宝》，吃下午茶。我之前很愚钝，用了整整七年才被我女儿"打通"经脉。打开觉察，我才发现她在教我什么。很多老师就在我们周围，尤其是家人，他们会助你一程。因为家人太亲近了，总是讲真话，大多不加掩饰，我们需要善用、妙用他们的直言不讳。因为我们在外面，人家都会说："你好棒哦，肚子那么大，像弥勒佛！"可是家人却会说："你吃饱了吧，吃那么多，你看你的样子还能看吗？"你的朋友会说："你富态啊！伙食不错哦！"老婆却会说："带你出去真是难看，这个样子根本不需要用安全气囊！"

家庭是一个重要的修炼场，因为他们很容易碰到你的心，很快碰到你的情绪，很容易碰到你的想法。即便你现在是单身也一样，你还有很多的人际关系，有同事，有家族，有朋友。如果我们看他们是菩萨，是来度我们的，就会对他们很尊敬；如果我们看他们是冤家债主，那就会有不一样的态度。诸位要用智慧去妙用、善用周边的人，借他们来成就自己。

## 第五十节　不要错过身边的有缘人

有一个小女孩问牧师为什么会有坏人，为什么又会有好人，牧师一直不知道该如何贴切地回答她。牧师经常在教堂里面静静地坐着思考这个问题，始终找不到一个合适的答案。有一天，牧师在祷告的时候有了一个灵感，他看着自己的右手忽然领悟了。他对小女孩说："老天对好人最大的奖赏就是让他成为好人，对坏人最大的惩罚就是让他成为坏人。"但是，只想成为好人的人的最大局限就是只能当好人，成不了圣贤。因为他只想成为好人，所以就只能成为好人。很多人说自己已经很好了，为何还需要成长？因为当个好人是生命的基本模式，当个圣人是生命的豪华模式。前者就好比一碗阳春面，连个卤蛋都没有，只有几根豆芽。

很多年前我羡慕他人有贵人相助，能够成为一个集团的总裁。我现在却完全不这么想了。我很感谢我老婆没有那么要求我，不给我设限。我的理解是："无碍"就是爱。因此我也不妨碍我的老婆，我们都想活出自己生命最恢宏的版本，想要活出最精彩的一生，我们彼此支持，并给孩子空间，也不妨碍他们。

以前我当兵的时候，军中有人吵架，长官对他们说："吵架是吧？好啊，手牵手！斗嘴是吧？那就抱在一起，再吵，嘴对嘴贴着！"于是就再没有人吵架了。有一个人说我欺负他，我就跑过去抱他，说"我爱你"，下次这个人看到我就赶快跑，怕我再抱他。这就叫逆向思考。如果有人看我们不顺眼，那就换个方式，好好善待他。

# 第五十一节　改变互动模式

各位，你大过钱吗？大不过钱的人是很难赚到钱的，因为大不过钱的人很难大方，很难舍得。以爱马仕为例，七八年前我去新加坡的时候跟一个同事逛商场，才知道一件爱马仕牌子的衣服价值新台币一万以上。如果你穿了一件爱马仕的衣服，可你坐着都不敢靠靠背，这就是它在穿你。什么时候你大过它，才是你穿它。

你大过钱，钱才是你的；你大不过钱，你就是钱的，名叫钱奴。一辈子大不过钱，守着钱，到死的时候留下很多钱，这种人叫管理员、守财奴。网上流行一句话：人这辈子有两大遗憾，一个是人死了钱没花完，一个是钱花完了人还没死。人在天堂，钱在银行。什么时候你才不是钱的管理员，而是真正的拥有者？当你必须用得了它，将钱变成一种生命能量，而不是只把钱当钱的时候。

当你说出的话不再只是话，而是爱的温柔与正能量，当你看世界的眼神不仅是眼神，而是爱的眼神与正能量，这样的生命不就是充满爱的生命吗？你用爱过你的人生，让物质有非物质的精神，不管是语言的还是文字的，统统都变成爱的载体，让我们的每个肢体动作、每个眼神、每个领悟都能流转出去，以一种爱的形式，这样的人生会多美好？

我们从小学习用爱、关怀宽恕别人，听了数十年，你做到了吗？遇到了才知道，有时我们真的无法原谅他人，真的不懂得关心他人、照顾他人，真的不知道如何爱一个人。我们只是知道，还没有做到。我当了五十年的儿子，我发现我根本还没学会当儿子，我当了二十年的爸爸，我现在觉得我真的不太会当爸爸。我不知道你们有没有这种感觉：等到爸爸妈妈都要走了，你都还没演绎好一个儿子女儿的角色。等到儿子女儿都要当爸爸妈妈了，你要当爷爷奶奶了，你都还没学会怎么当好爸爸妈妈。

各位，我们有没有把自己的角色演绎好？像我这么会讲话的人，当我回到乡下见我兄弟姐妹时，我不会再当一个老师；当我回到家见到我老婆时，我就当一个小男人，我颠覆了传统的男性角色，在家煮饭、洗衣服、拖地板。谁说爸爸不能跟儿子、女儿撒娇？孩子和高中同学聚会，聊到深夜十二点多还不回来，一般爸爸都会生气然后打电话过去："都几点了，一个女孩子在外还不回来！"就会用这种口气。而我有时会用另一种语气给女儿打电话："女儿，在哪里啊？跟同学在麦当劳啊，哎哟十二点了，爸爸心脏不好担心地睡不着，你回来吧！"她就回来了，我不会用传统那种训话的方式对待她。

我儿子在台湾北部工作，很久才回家一趟。我希望他回家的时候就会打电话给他："儿子，我忘了你长什么样子了，你回来给我看看吧。"现在的孩子从初中到高中，长得很快，每个孩子的发型、衣服都差不多，我又常常在外面跑，我有时在路上看到我女儿都差点认不出来，所以有时我对女儿说："让我多看你几眼，我怕路上认不出你来。"各位，当你想让女儿、儿子回来时，你可以输自己，要懂得示弱，你可以换一种方式，谁说一定要用强硬的方式来应对？对孩子说"爸爸好像失去记忆了，你的样子我想不起来了，你回来吧，顺便拿生活费"，我保证他们一定会回来看你！

各位，我们总是用一种惯性模式跟人相处，然后用自己的模式去看待别人的模式。我们家是个传统的大家族，我十岁左右的时候，在洗衣杆底下穿梭了一下，我妈妈被我奶奶骂，说男人是不可以在这里穿来穿去的，尤其是女人的内衣下面。世人常常会有这样的思维吧？可是，我们家现在的衣服也是我洗的，我不是好好的还能出来讲课？

# 第五十二节　妙用贴标签

　　无常是一种常，二元世界唯一不变的就是什么都一直在变。我们如何看待无常？很多人给无常贴上负面的标签，给死亡贴上恐惧不安的标签，这些都是我们自己定义的标签。而事实上，笨的人可以通过无常来学习成长从而变得聪明有智慧。如果有常，笨就永远会是笨。贫穷的人通过无常学会分享，因舍而得，变得富有，因此无常也很美，我们要感谢无常。

　　关于死亡，大家不妨想象一下，假设我正常衰老却有不死之身，两千五百年后我会长成什么样子？估计你连看都不想再看一眼吧？所以如果能够换一个青春的身体，岂不是一件很好的事情？如果死亡能让我们换取一个更好的身体、一种更好的生命状态，我们是不是会快乐地去死？假如换一个新的角度去看待死亡，给死亡更多正面、阳光的意义，是不是死亡便不再那么恐怖了呢？所谓的好与不好都是人想出来，自己定义的。

不要只讲道理，要学会如何在生活中修炼。我在讲课的时候，常常是有画面感的，有色彩、温度、味道。人都不喜欢直接听道理，一听大道理就会有排斥心，既然人们都愿意去注意那个修脚踏车的，那我就把道理藏在修脚踏车里面，把道理藏在笑话、故事、歌曲、影片、活动里面，这就是妙用人心。见性也要懂人性。

结过婚的男人有时在外面会有应酬吧？假如你喝得烂醉如泥回到家就躺在床上，老婆看到了很不高兴，过来帮你脱掉衣服时还被踢了一脚，你觉得结果会怎样？但如果此时你说："走开，我是结过婚的男人……"那么，第二天就会有丰盛的早餐在等你，对不对？老婆的心态是你在外面应酬没关系，但不要对不起我。我们再来看另一个情形。你烂醉如泥地回到家，老婆觉得你好辛苦，应酬到凌晨才回来，就给你按摩一下吧。结果按着按着觉得很舒服，你脱口而出："你是哪里人啊？"那么，隔天醒过来你会发现自己睡在沙发上，这还算好的。你触犯到她在乎的东西了，前后两个故事都触动到她的心，她在乎的是你心中要有她，你凌晨回来都没关系。那下次喝醉时该怎么回应，知道了吗？

其实，我们在外面打拼不就是为了安家嘛，不就是为了家庭幸福嘛，但我们有时候会忽略家里还有人在担心你，你喝酒以后就忘记自己结过婚了，喝酒以后就忘记家里人会担心你……平常就没有把家里人放在心里面，不去了解对方在乎什么，所以喝酒之后在头脑不清醒的情况下自然容易做出蠢事。

假如你是一位结过婚的男人，你一回到家看到老婆就说："饭煮好了没？孩子功课做好了没？"这就是我所说的贴标签。你肯定不会对你家邻居这么说吧！而如果你给对方贴的标签是女朋友，你就会说："不要煮饭啦，我们出去吃吧，去看电影吧！"当你给对方贴上老婆的标签，你就是老公；当你给对方贴上女朋友的标签，你就是男朋友；当你给对方贴上冤家的标签，你就是债主。那么，既然我们可以贴标签、换标签，我们也可以善用标签，妙用标签。

我一开始对我的儿子和女儿当军人来养，贴了军人的标签。儿子两岁的时候，我希望他能够成龙。我上班的时候骑摩托车送他去幼儿园，下车的时候，老师就会带他进去，他就用那个不安的眼神看着我，仿佛在说："爸，不要啦！"我说："爸爸上班，赶快进去，跟老师进去！"下班的时候，我摩托车一停，他就赶快跳上来，抱着我说："爸爸，爸爸，明天可不可以不要来？"我说："先回家，回家。"第二天早上一醒过来，他第一句话是："爸爸，可不可以不要去？""不行，爸爸上班，上车，上车。"骑过去，老师接走，儿子看着我："能不能不要？"我说："爸爸上班，赶快，下车，下车。"傍晚去接他，上车的时候，儿子又问："爸爸，明天可不可以不要来？"我说："先回家再说。"第三天一大早醒过来，他又问："爸爸，可不可以不要去？"我说："不行，爸爸要上班，上车，上车。"送到幼儿园，我回眸一望，突然看到了孩子那种眼神，我心头一紧，问自己：我怎么把一个两岁的孩子弄得如此心酸不安？我立刻说："回家，我们回家。"

回家之后我就把给他的"军人"的标签撕下来，贴上"儿子"的标签，我就变成了"爸爸"。我发现我对他的态度、语气、互动模式变得柔和多了。随着我的修行和儿子的慢慢成长，我把"儿子"的标签也撕下来，贴上"朋友"的标签，然后我就变成了"朋友"。当我心态改变的时候，我的口气和表达模式就会改变。后来我又把"朋友"的标签撕下来，贴上"生命伙伴"的标签，我把人生交还给他了，他有属于他自己的人生。再后来，我又把"生命伙伴"的标签撕下来，换成"心灵伙伴"，我希望有一天"应无所住"，这个再撕下来的标签将是最后一个标签。

　　大家如果想要调整人际互动关系，就要学会换标签，学会妙用标签。每个标签都有超链接，我们有没有意识到有时候我们发给别人的标签的超链接是错误的呢？大多数人都有惯性的链接，却并不知道这个链接是错误的。比如我们通常认为学历高就等于品德高，两群孩子打架会直接超链接到功课不好的孩子是坏孩子。因此，我们还要学会更新标签。

# 第五十三节　人心最可贵

有一句老话：千金买房，万金买邻居。所以人是最重要的环境。你可以用一千万买一栋豪宅，但如果旁边的邻居都是赌鬼，你必然住得很不开心。当初我在买房的时候，那个卖房子的业务员很好心地和我说："你那一层的邻居人很好、很老实，适合做邻居。"然后我就买了那一层，我的邻里关系至今都很好。如果我们买的房子周围环境不好，出门见到邻居就有压力，那么住在那里就会感觉不舒服。现在当我出国，我老婆也出差时，我的邻居知道我们家只有两个孩子在家，就会给孩子送吃的。虽然送过来的是一只鸭子，不是素食（我们家吃素），但我们看到的是邻居的心。

七八年前，有一位女性在网络上向我求助。她妈妈是素食者，她长大后也吃素，后来嫁到了一个吃荤的人家里，当她有了自己的孩子之后，她同样期待生出来的宝宝也吃素。有一天，她发现她的婆婆偷偷煮鱼粥来喂她的孩子吃，她问我："请问这件事您怎么看待？"我说："不要看那条鱼。你爱你的孩子，奶奶也爱她的孙子，要看那颗爱孩子的心。"

　　世间没有完美的姻缘，没有完美的剧情，我们要看重的是那颗心。如果一定不许奶奶喂孩子吃荤的，一定要求吃素，就是搞分裂，家庭就不会和谐。在不完美的世间，我们要看重的是那颗充满爱的心。

# 第五十四节　吸心大法

　　我记得在武侠故事里有一种功夫，叫作"吸星大法"。我联想到的是一种修身养性的方法——吸心大法。我们可以把各门各派的武功集大成，自然也可以集古今中外的圣贤智慧，然后大成。

　　比如一个题目让一群人产生很多的体悟和联想，如果让每个人都发言，说想法，那么不仅花的时间多，大家提出的想法的重复率还会很高，最后可能只会产生一二十个有意义的想法。但我们可以让这些人分组进行研讨。假设每组最少写出五个想法并且扣掉一半重复的想法，那么我们就可以在30分钟之内获得四五十个有意义的想法。又比如，如果我们让三个IQ分别是120、130、110的人一起想一个问题，那么他们产生的洞见可能并不输于IQ150的人产生的洞见。

你可以借用别人的智慧增长自己的智慧。这里我们讲两个故事。某企业引进一条香皂包装生产线，结果发现经常有空盒流过。于是老板请一个海归博士，花了一百万及六个月的时间设计了自动分检系统。一个乡镇企业遇到了同样的问题，于是一位农民工想了个办法，花一百元买了一个大电风扇放在生产线旁，这样有空盒经过便被吹走了。另一个故事是一个工厂设备坏了，高薪聘请的新工程师都解决不了，于是把老工程师请回来，老工程师东敲敲西敲敲，然后在某个地方用粉笔画了一个圈，让人拆开看。大家发现果然就是里面出了问题。几天后，工厂收到账单两千美元，工厂的负责人说："就画个圈，怎么这么贵？"老工程师说："画个圈一美元，剩下的一千九百九十九美元是我三十年的经验，正是经验让我知道应该在哪里画圈。"这就是智慧与经验有时可以超越知识与技术的例子。

这就是"吸心大法"，不要错过了身边的良师益友。你在每个人身上找到一种领悟，找到一种优点，加起来你就吸收了很多正面的生命能量。

# 第五十五节　人等于事，人等于心

人跟心是连在一起的，什么样的心境成就什么样的人。你在乎什么，你就会活出什么样的生命状态，会把事情做成什么样，会把人际关系搞成什么样。如果你还不能把事情做成什么样子，代表你还不是那样的人。假设把特蕾莎修女的身份、地位拿掉，她还是会活出辉煌的生命状态，因为她已经是那样的人了。因为人等于事，人等于心。

心要跟境合一，生命状态要跟外界的状态合一，人跟事是合一的，知行合一，内外一致。过去很多大师在培养弟子时会对他们说："你们读了那么多圣贤书，修了那么久的身，何不出去开辟一个道场？"什么样的人就开辟出什么样的道场，有什么样格局的人就会把事业、家庭、人生经营成什么样子。人等于事。

你说你的境界很高，你的心境很高，但是看看你还在在乎什么，我就能知道你的上升空间在哪里了。如果你自认为境界很高，但是每天跟这个斗，跟那个斗，那么说明你还活在道理层面，还没有成为你真正想成为的人。你所在乎的事情暴露了你的生命状态。如果一个人说自己已经有佛的境界了，那么你只需问他一个问题——他在乎什么，你就能发现他的真正境界。那你最想得到的成就是什么？还想闯一番轰轰烈烈的事业，谈一场轰轰烈烈的恋爱？如果是这样，那么你说出来的佛境都是你看书看来的，而不是修来的。就像你能说出一口好菜，其实不会煮菜。

为什么你懂得那么高的境界道理，你还是在乎某些东西？总而言之，从你的在乎里可以看到你的人，你的心境。你的一言一行、一举一动都在反映你当下的生命状态。

# 第五十六节　从二元到一元

　　有个人跟我聊天，他提出几个问题，想看我如何回答，以便知道他的思维模式是否跟我一样。他说："有辆火车在轨道上跑，左转的轨道上有一个人，右转的轨道上有三个人，火车眼看就来了，假设火车来不及刹车，你该让火车往左还是往右转？"他的第二个问题是："往左的轨道上是允许有人出现的，往右的轨道上有三个人，但那里是不允许有人走动的，你要往左还是往右转？"第三个问题是："火车继续开，此时火车正要穿过一个天桥，天桥上有两个人，其中一个人发现前面轨道上有一群人，可是火车司机没有发现前面有一群人，那么这个天桥上的人发现了该怎么办？"这三种情形，他问我会如何选择。他是想去印证他选择的方式

156

和我是否一样。第一个问题关注的是数量，数量也是分别心的体现。如果左边是爱因斯坦，右边是土匪呢？第二个问题关注的是性质，所以这时候，你的选择会受到外在的影响。我们常常会落入选择好坏、得失的圈套，落入选择怎样伤害最小、怎样伤害最大的思考中，落入二元思维中。

我现在把剧本延伸到佛陀、孔子。佛陀本是太子出身，他原本要继承王位的，但是他没有，他还有妻子和孩子，他却不告而别离家。用世俗的眼光看，他就是抛家弃子，不忠不孝。在二元世界里，他的人生是不及格的。孔子休过一次妻再结婚，生了一男一女，中年就失业了，晚年孩子死了，他想把道传给颜回，颜回又死了，他周游列国也不得志，在二元世界里他的人生很不圆满。所以圣人们发现在二元的世界里，没有圆满的解答。但他们追求的是超越二元的东西，追求的是生命的真谛。想象一下，如果佛陀去当了国王，可能一辈子就这样过去了，没有人会记得一个小国家的国王，他也未必能治理好一个国家，他存在于世间不过几十年而已，可是他悟道以后，他的影响超越了时空。孔子也是一样的道理。

这里再讲一个故事。过去哈佛大学开了一个课程叫《正义思辨》，主题是一场正义的思辨之旅：一条船失事后，有三个人在同一条小船上漂流了十几天，其中两个人有很高的社会地位，另一个人是孤儿，在船上是打杂工的，他们都虚弱得快死掉了。那两个人觉得他是孤儿，又是打杂工的，不如把他吃了吧。于是他们就把他杀了吃了，这样又撑了好几天，两人终于获救了。如果这两个人换作是你，你会做何选择呢？这个课题在社会上引发了很大的辩论，这两个人对还是不对，合道德还是不合道德，合法还是不合法？如果是你，你会做何评价呢？

　　回到开火车的问题，我们发现不论伤一个人还是三个人，总会伤人。而第三个关于"火车天桥"的问题，如果火车撞到人的话就会停下来，那么其中那个在天桥上看到火车的人，如果他不想伤害别人，于是自己跳下去，救了那一群人，那他便活出了自己最完美的生命状态。

　　一般人在问问题时都是二元思维，你很容易被他的二元问题牵着走，然后又纠结，是这个好还是那个好，好像无论如何都不对。我们的思维模式逐渐陷入二元思维模式当中。

二元思维模式是思辨的，会迫使你做出选择。因此，当我们遇到问题的时候，请试着跳脱二元思维的模式来看看，久而久之，你就会慢慢习惯不被二元思维模式牵着走。对于我们的心智提升来说，这一点很重要。

第二章　扩展人生的格局

## 第五十七节　超越道理，看因果

　　假设我欠朋友五十万，一直不还他，他会到法院告我，法院会判我每个月还他多少钱。法院能带来表面上的公平合理，却无法化解我们之间的恩怨情仇。

　　如果上个星期朋友请我一起喝咖啡，今天我们遇见就会有说有笑，善待彼此，因为上星期的因，产生了这星期的果。如果上星期我和他吵架了，他看我不爽，我也看他不爽，他就不会请我喝咖啡，只会和我聊是非。因为因不一样，所以果就不一样。

　　科学家需要利用很大的作用力和反作用力，才能把航天飞机推到外层空间。航天飞机需要很强大的燃料槽跟推进器，这些东西都在远离发射地的工厂生产，生产之后用火车运载，经过山洞，送达发射台，再组装上去。当航天飞机飞到快脱离大气层的时候，这个辅助燃料槽和推进器就会脱落。当年美国研制的航天飞机就将其掉落至大西洋，美国再用军舰把它捞起来，因为这是高科技机密。它的燃料槽和推进器是在美国的另外一个州生产的，既然要经过火车运载过来，那么它就会受限于火车的大小，火车的大小受限于火车铁轨的大小。而在两百多年前，美国是英国的殖民地，所以美国的火车铁轨是依循英国的火车铁轨宽度修建的，即四英尺八点五英寸，而英国的火车铁轨是依照电车的轨道宽度（四英尺八点五英寸）来设计的。电车的轨道则是依循一千多年前古罗马军队战车轮子的宽度设计的。一千多年前古罗马军队进城的时候，路上会有两个凹槽，这是马车的轮子跑过去的痕迹，而这两个轮子之间的宽度就是四英尺八点五英寸。那么四英尺八点五英寸的两个轮子宽度是受限于什么呢？因为战车前两匹马的屁股就这么宽，所以美国航天飞机辅助推进器受限于一千多年前两匹马的屁股。我们不能只看到道理的层次，还要看到因果的层次。

人这张皮，这个身材，撑不了多久的。因为你漂亮才跟你在一起，一个因出来，我们就知道果是什么了。如果你只是漂亮，没有其他优点，别人因为漂亮跟你在一起，那么你不漂亮了或者一个更漂亮的人出现了，对方就会和你分手。别人因为你有钱和你在一起，那么你没钱了或者一个更有钱的人出现了，对方就会和你分手。因为钱而在一起工作，赚不到钱就会分开，或者赚到钱但分配不均也会分开。因为钱而在一起，也会因为钱而分手；因为理念而在一起，也会因为理念不合而分手。一个因出来，我们就知道果了。

　　所以我们要"与人为善"。我们要用更好的生命底蕴来看待发生的这一切，看到更多的关系，看到过去、现在以及未来。

第三章

找到生命的真意

# 第五十八节　大破大立的人生

我看到过一个笑话分享给大家。姐姐和一个人吵架，弟弟问姐姐："姐姐，他这样欺负你，你打算多久原谅他？"姐姐说："原谅他？那么容易啊，宽恕是上帝的事情，我的责任是送他去见上帝啊！"

当一个人令我们感到愤怒时，我们常常会觉得一定要给对方惩罚，不给对方惩罚自己内心就过不去，会想："如果我不宰了他，我怎么能原谅我自己，我对不起自己啊！"人的心智模式常常是一报还一报，一直在循环，冤冤相报，没完没了。只有当我们突破了冤冤相报的心智模式，才能离开这个枷锁，生命层次就升华了。

有一个珠宝商人在印度的马德里机场遇到一个僧人，然后聊天，僧人说："你做珠宝生意的，可以从香港进口钻石到印度去卖，也可以把印度的红宝石拿到香港去卖！"珠宝商说："你怎么知道那么多？"僧人说："我在出家之前做过珠宝商啊！"珠宝商问："那你为什么出家啊？"僧人说："你小时候有没有玩过芭比娃娃、钢铁侠、超人或者弹珠？"商人说："有啊！"僧人问："那你现在还玩不玩？"商人："不玩了！"僧人说："对啊，我也不玩了。"

　　人生有很多不同的生命路径。在一生当中，有些人会突然改变生命路径，走上一条不同的生命路径，这个路径会引他进入大破大立、柳暗花明又一村的境界。之前我每五年就会过一种不同的人生，现在两三年就过一种不同的人生，"重生一次"。我从1.4的生命版本活到1.6、1.8、2.0的生命版本，一直在升级。如果我一直活在1.4的生命版本里，就等于把自己困在最底层。每当我丢掉一个低等级的生命版本时，我的生活就不一样了，想法就改变了，就跳脱了一层生命的枷锁。

# 第五十九节　人心是最重要的环境

　　人身难得，中华难生，大道难逢，名师难遇，正法难闻。现在世界各地有很多孔子学院，可惜的是很多沦为教汉字的地方，并没有真正把中国传统文化化于有形和无形传播出去。如果用当地的语言把中国传统文化、智慧、先贤的内涵传播出去，而不仅仅局限于汉字，那么世界各地的孔子学院就是整个中华文化的桥梁，是整个中华五千多年的文化在世界各地的重要传播站。但是如果拿掉中国传统文化，我们就只剩下了物质文明。和上海的浦东机场相比，我再飞回台湾的桃园机场，就好像回到了乡下。我在虹桥高铁站都会迷路。这里的交通建设在快速发展，可是人的生命素质还没有跟上物质的快速发展。因此，在经济快速发展的同时，人的精神文明建设也应该跟上。

最重要的环境是什么？人心。人生要美、要丰富、要精彩，周围的环境要美、要和谐，关键在这颗心。

三四年前，我和朋友一起去文莱。这个国家是从马来西亚分离出来的，后来因为发现了石油天然气，成了东南亚最富有的国家。在那里，大学毕业生每月底薪约一万六千元人民币，政府每月会给无业人员和高等学校的学生一定的补贴，上学免费，买车免税。我问当地人："平常会不会去当志愿者？"他们说："当志愿者干吗？我们这儿没有穷人啊！"人心没有的东西，就不需要去额外担心。在北欧的瑞士，没有天灾，没有战争，因为瑞士人追求和平，所以境由心造。

我们常常是在美术馆看到艺术作品，才产生欣赏艺术的眼光。去到美术馆，看到艺术作品后，我们连站姿都不一样了，这样点一下头，那样点一下头。但是我们能否用欣赏艺术的眼光看待生活中的每一个当下呢？当你用欣赏艺术的眼光看待生活中的每一个当下时，外在的一切人、事、物都会变成艺术品。当你能做到这一点后，你再看到别人用不同的方式挤牙膏，你就会想"这样也可以哦"，而不是生嗔恨之心。你也能够接受别人扫地一撮儿一撮儿地扫，而不是非要从一头扫到另一头。你可以欣赏每一个当下，目光所及之处都是艺术品。

人心就是人的环境。相由心生，境由心造。你的心变得更好很重要。所以修身养性在于修心，道场就在心里。很多事情都是人想出来的。心就是道场，不一定要找一个外在的道场。不懂反省的人，到哪里都不会反省；懂得反省的人，到哪里都会反省。懂得修身养性，到哪里都是道场；不懂得修身养性，到了道场也是枉然。所以心若不安，去哪里都是漂泊；心若能安，随处可安。

# 第六十节　活出生命的价值

　　我们一般都要累积财富，这些东西在俗世会成为我们的身价。背着房贷、车贷，很沉重，我们仍带着微笑。为什么还带着微笑？因为人们说这样很好，很有成就，很幸福。我们都习惯背着，越沉重越带着微笑，因为自觉有很多。我们看的是身价，很少看待生命的价值，思考生命的价值。

　　我们用金钱来衡量猪在市场上的价值。如果别人用金钱来衡量你的身价，尊敬你是因为你有钱，那么人何以区别于猪？用钱来计算你的身价，就很难再去想到意义与价值，想到的只是价格。如果你散发出来的信息是让别人用钱来衡量你的价值，那你跟猪的单位是一样的。三年前，我在浙江开课，有个人来上课是车接车送，还带着保姆，名片上标识了很多身份。这是他的身价。可是他还没有意识到"生价"，也就是生命的价值。

你会用钱来衡量特蕾莎修女吗，会用学历来衡量她吗，会用名头来衡量她吗？不会，因为她散发出来的讯息就不会让人用钱来衡量她。那为什么我们一站出来就是身价，名片一拉出来就那么长？因为你彰显你的身价、钱、地位，所以别人就用钱、地位来衡量你。

我们可否重新换个单位来衡量一个人？比如如果一个人很讲诚信，我们可否用诚信来衡量他？如果一个人很有孝心，我们可否用孝心来衡量他？如果一个人很有责任感，我们可否用责任感来衡量他？诚信、有孝心、有责任感，这些都可以作为衡量一个人价值的标准。如果你的存在会让人不自觉地联结到金钱，你是否应该反思一下自身呢？

人的一生不是忙于事业、忙于赚钱的一生，活得有价值、有意义比长寿、多金更重要。

有个人喜欢爬楼梯，我问他爬楼梯干吗，他说这样可以多活四年。我又问他，多活四年做什么？他说爬楼梯啊。这和我们听过的"放羊—结婚生子—放羊"的故事非常相似。听这个故事你可能会笑，那这和你"赚钱—有身价—再赚钱"的故事像不像？

各位，你活到现在有没有思考过，你如何活出你的生命价值？懂了很多，知道很多，但还做不到吧。当你放下那个道理，愿意给予、付出、奉献的时候，你也就活出了生命的价值。

# 第六十一节　找到你人生的意义

　　我三十岁才进入职场，三十五岁时就决定四十岁实现财务自由而退休，可是我四十岁退休时并不知道自己要做些什么。于是我又给了自己五年时间，进入另一领域、另一个集团，在投资的同时进行管理。我告诉自己要找到人生下半场的舞台，所以在我四十五岁生日的那天，我跟老板说，我做到明天就辞职，这是我送给自己四十五岁的生日礼物。

　　到现在为止，我已经退休八年了，我找到了人生下半场的着力点，我知道我可以做些什么。我找到了自己的属性，找到了自己的舞台，找到了我人生的意义。我的内心生出了一个愿望：让所有人的生命状态变得更好! 我把这个当成我人生的意义。每天醒过来之后，我的一言一行，都是为了这个目的，我让自己活在天命之中。

那么，如果有一天当你醒过来的时候，你的一言一行都在实践你的天命，那么你就找到了你人生真正的意义，那是件非常美好的事。

## 第六十二节　成为你周围的好环境

环境，对人的成长至关重要，因为它决定了你会吸收进去什么。

这就像煤气中毒，身体里的血红素本来是要吸收氧气的，结果一氧化碳进来，血红素与一氧化碳结合，那氧气就无法跟血红素结合，于是人体缺氧就发生了煤气中毒。

如果你在一个环境里面，周围有很多正能量的人，愿意分享、付出，那么这些人的品质就像卤东西的佐料，慢慢地就渗透进你的骨子里了。当你在人性作用的过程中，你会发现很多东西慢慢被取代，你变得比较谦卑、柔软，会替别人想，将心比心，站在对方的角度看问题，愿意分享、付出、奉献，受而无怨，幸福感有所提升，对方也被你感染，对方也感到更加幸福。这就是一个慢慢被熏陶、被改变的过程。

所以环境非常重要，而人是最重要的环境。

一群佛到地狱，地狱也变天堂；一群地狱的恶鬼到天堂，天堂也变地狱。这符合逻辑。

用黄金做笔，笔也是黄金；用黄金做杯子，杯子也是黄金。同样的道理，心真一切真。心是商人，一言一行都是商人的模样；内心爱计较，一言一行都是一个爱计较的人的模样。相由心生，境由心造。我们常说一个人一看就知道是什么样的人，这不无道理。你是什么样的心就是什么样的人。

我们都喜欢和一个很真的人在一起，可是为什么我们不能先成为真人呢？我们都喜欢和一个坦率的人在一起，为何我们不先成为一个坦率的人呢？我们都喜欢有个好环境，为什么我们不能先成为一个别人的好环境呢？我们都希望家庭能给我们幸福，为什么我们不能先带给家庭幸福呢？我们都希望社会能支持自己的个人发展，为什么我们不能先支持社会的发展呢？这是一个逻辑概念，也是一个心智概念。

# 第六十三节　生存、生活、生命

我们从生存阶段，慢慢进入生活阶段、生命阶段。这三个阶段看起来是线性的，其实是同步的。你可以一边生存、生活，一边提升生命的高度。

我女儿读幼儿园的时候跟我说"爸爸，我要和你一起洗澡"，我说"不方便，你长大了就知道了"。当她长到十岁时，过马路已经不要我牵她了，她要自己走。她读初中一年级时还愿意和我出去，上了初中二年级后她就选择和同学一起出去了。她读高中的时候，我和她说"你读幼儿园的时候还要和爸爸洗澡呢"，她会说"好恶心"。我们家四个人，在四个地方，两个孩子在大学住宿，我太太经常到各地出差，我也是。有时我刚飞回来，她正好飞出去，各自有各自的空间，但我们还是有互动的。这个时代就是这样子。每个人都活在自己的生命状态里。

出租车在台湾叫计程车，是计算里程的意思。计程车司机会在后备厢里放个小躺椅，车里放个咖啡机或者泡茶的工具，一壶矿泉水，一个小收音机，一两本书，中午就开到公园的大树下，躺椅拿出来，桌子摆好，喝杯咖啡或茶，看一会儿书，睡个午觉，是不是很惬意？有些大货车司机每次开车出去好多天，从年轻到年老，在车里要生活三四十年，所以会把驾驶室弄得很漂亮，希望从谋生中得到生活的乐趣。

随着生命的成长、心智的提升、领悟力的提高，我们可能两三年就切换一次生命状态。人生的上半场我们在用脑过日子，下半场该用心过日子了。如果此后你的一言一行都在为他人服务，都在为了让别人的生命状态变得更好而努力，那么你的生命状态将全然不同。

# 第六十四节　除了钱，还有什么可以给予的？

　　想要帮助人的时候想一想，除了给钱之外，还有没有别的方式可以帮助人，跳脱只有金钱可以帮人的思维。你是否可以让职场变成除了赚钱，还能提高生命价值、陪伴生命的地方？同事生病的时候，你是说"什么时候回来上班"，还是赶过去关怀及叮咛他要好好休息？为什么你的员工只是干一两年就和你散了，你留不住人才，而为什么有些老板的员工就可以跟着他干十多年？有些老板会在员工身边用心陪伴，而你只是把员工当工具，你有想过这个问题吗？员工如果只是为了一份薪水而工作的话，那么有更高的薪水他就会走，那你现在的员工还没有走是为什么？只有他从工作中得到的不只是薪水，他觉得你还懂知识、懂人性、懂实务，甚至能带给他更多他想要的、喜欢的，他才会留下。

因此带人要带心。有个故事讲的是一位将军亲自用嘴把一个士兵脚上的脓血给吸出来了，而士兵的母亲知道后马上就哭了，你知道为什么吗？因为她知道从此儿子一定会为这位将军效命，战死沙场，因为他的心已经被将军拿走了。

# 第六十五节　无言大法，以身示道

　　大家可能听说过特蕾莎修女的故事。她服务和帮助的人99%都是印度教教徒。她的行为只是出于对生灵的爱，超越了宗教。人们很少听到她讲道理。每年有很多人会在休假时飞到德黑兰去效仿她帮助所需之人。

　　在中国台湾，你每次停车就会收到一张缴费单，可以积攒下来到24小时便利店一起缴费。如果我们拿几十张单子去缴费，店员扫描可能需要好几分钟。假设当时正好后面的人拿着大包小包的东西等着结账，你让他先来结，他会感受到你"心中有他人"的生命态度。那么当他下次遇到类似的情况，他就很可能会替别人考虑，礼让他人。你所做的正是用无言大法，以身示道。你什么都没说就给人上了一课，他也会用同样的方法善待更多的人。

有位年轻人继承了他父亲的房子，但他的生活习惯不好。几年后房子脏乱差，庭院杂草丛生，别人劝他好好清理一下，他根本听不进去。有一天他在路上遇见一个朋友，朋友把手里的一束洁白的鲜花送给了他。不同的人、事、物会散发出不同的信息，婴儿散发出来的信息会让你想抱抱他、疼爱他，而这束洁白的鲜花散发出来的信息是纯洁无瑕。然后他回去翻箱倒柜，把尘封已久的花瓶找出来，放到桌子上。他发现桌子怎么那么脏，就把桌子擦了擦，然后眼睛便为之一亮，继而他觉得周围环境好像不太搭，于是用半天时间把房间打扫干净。之后他累了，坐下来又发现窗户外面的庭院杂草丛生，和屋内又不搭，于是出去用半天的时间整理干净，然后瘫在椅子上，喊着"好累好累啊"！最后他从镜子里看到了自己，内心一震：天啊，我这几年过得是什么样的日子啊！然后去把自己收拾得干干净净了。仅仅一束洁白的鲜花，无须多言，就达到了效果，这就是无言大法。

因此，教导别人的时候不要一直讲道理，有时候对方已经很苦了，你还要讲道理，对方当然不听！你只要说"有我在"，就胜过千言万语了，对方就懂得如何将心比心了。教导别人要有智慧，而不是光讲道理，一个拥抱胜过千言万语。当你牵着她的手说"有我在"的时候，这是用生命在陪伴生命，用生命在教导生命，用生命在承载生命，厚德载物。所以要妙用有言之法和无言大法，并且以身示法。尤其为人父母，父母要先以身作则，内外一致，知行合一，才能教好孩子。

# 第六十六节　回到根本，性之作用

老子在《道德经》的开篇写道："道可道，非常道。"道是很难用文字表达的。我们可以从有道之人的言语中了解他的德行。当有道之人、有德之人越来越少的时候，圣人就会出来讲仁义，说道德。当仁义之人越来越少的时候，我们希望人们最后能守住礼。当守礼的人越来越少的时候，就会有人出来讲法。当人们连法都守不住了，罚就会备受推崇。当罚也无济于事的时候，刑就会派上用场。但我们希望人们都朝着正确的方向走下去，生命状态越来越好，成为有道之人。

中国文字每个字背后都有深刻的含义。中国也有自己的宇宙观。过去的圣人入定之后看见宇宙，宇宙爆炸后形成十四个同心圆，所有人依循宇宙的规则运行，称作德。宇宙爆炸后产生的宇宙现象，我们称为道之作用。

《道德经》里讲"道生一，一生二，二生三，三生万物"，这和《易经》里的"易有太极，是生两仪，两仪生四象，四象生八卦，八卦定吉凶，吉凶生大业"有异曲同工之妙。一颗种子发芽后慢慢长出很多枝、叶、花，结出很多果实。我们把这颗种子的染色体称作本体，产生的枝、叶、花、果称作表象。种子的染色体决定了枝叶花果的形态，就像我们人类的染色体决定了我们拥有怎样的眼耳鼻舌一样。一切都是性之作用。

道与性是本体，一切事物都是道之作用，性之作用。

中国文化讲落叶归根。树叶最后都将被大地吸引，滋养根系，落叶归根的根就是道、本体。可是我们往往都是落叶归业，并没有落叶归根，回到道。道是本体，外在的一切都是表象。比如我们可以把树干做成椅子、白板、桌子，前者我们称作本体，后者我们称作表象。

"须弥藏于芥子"，宇宙的真理都藏在我们的自性中。我们身上蕴含了一切宇宙的真理，这和全息理论讲的是一个道理。"一阴一阳谓之道"，道在自身，要身体力行，要觉，要行，成为道。

文以载道，我们要透过语言文字和大家分享自己的体悟。过去学生会说请老师开示，但是老师开示、学生闻道之后，却很少有人能身体力行，活出道来。能做到这一点的人也不是没有，我们称之为圣人。

# 第六十七节　知识、人性与实务

《哆啦A梦》里的主角是大雄，他有一个朋友叫胖虎。这里有一个围绕两人展开的故事。老师问大雄："如果你有九十元钱，向胖虎借十元，一共多少钱？"大雄说零元。老师说："你到底懂不懂数学？"大雄说："老师你不了解胖虎。"

人是有意识的，脖子以下是无为的，脖子以上是有为的。大雄也不是省油的灯，他天天和胖虎在一起，在苦难中成长，总是有领悟的。胖虎很喜欢唱歌，喜欢开个人演唱会。有一天大雄就邀请了几个小朋友来听胖虎唱歌，当胖虎开完个人演唱会后，心情很好，大雄就说自己买东西差十元钱，问胖虎能不能借他十元，但还是不能和他说自己有九十元，于是胖虎就说"好兄弟啦，没问题"。大雄有知识，懂人性，也懂实务。

　　但我们在社会上行走，懂人性，有时往往会滥用人性，还记得我们前面讲的商人和马的故事吗？这就是滥用人的慈悲心与善良。所以你要找回你的本性来监督你的心，随时监察我们的那颗心。我们除了要有知识、懂人性和懂实务，还要找回我们的本性。

　　以前我们买手机时都会收到一本厚厚的手机使用说明书，而现在的智能手机直接把说明书变成电子版的，存在手机里，我们一开机，就会指导我们怎么使用手机。我们常常懒得看这个使用说明书，导致操作失误。各位，在你们生下来的时候，上天有没有给你的妈妈一本出厂使用说明书？有啦，我们有内置的说明书，就是本性、自性！可是我们都是在用人心，却没有看向我们的自性，没有阅读自己这本使用说明书，所以活得越来越不像人，常常做错事、说错话，常常"死机"。我们一般用手机只用到它30%—40%的功能，那你的自性，你发掘了多少？有30%吗？

# 第六十八节　见性还要懂人性

你读了那么多圣贤书，懂那么多的道理，你懂人性吗？妙用得了人性吗？你用什么来妙用人性？

听过《济公传》里济公背新娘的故事吗？这个故事讲的是：济公看到一座山快发生山崩了，旁边有个村落正好在娶新娘。没有狂风、没有地震、没有暴雨，如果他直接跟大家说等下要山崩谁会听呢！济公什么也没说，背起新娘就跑。大家一看非常愤怒，觉得济公疯了。老弱妇孺也都跑出来追济公。当济公看到这些村民都跑到了安全地方的时候，他把新娘一放，马上就跑了。这时发生了山崩，整个村子瞬间被埋没了。

如果你是那些村民，会不会觉得今天真倒霉，村庄因山崩而毁，新娘又被疯和尚背走了？如果济公在你眼前，你会不会想打死他？那么，济公是用什么把人给救出来的？用嗔恨心，他妙用人的嗔恨心而把人给救出来了，因为这时不能和人讲道理、邀功，这就是懂人性、妙用人性。

人都喜欢受人礼遇，有些孩子就很受长辈喜爱。你可能自己花了上百万、好几年都没搞定的事情，一个长辈打一通电话就帮你搞定了。可是你凭什么让长辈帮你打这通电话？受长辈喜爱的孩子通常都很懂礼貌，都会说"叔叔好、阿姨好"，尊师重道，所以长辈愿意把资源给他。"仁义礼智信"是中华民族的传统美德。先贤的教导提倡先把生命状态弄好，再去学习谋生的技能；现在的教育提倡先把人格建立好，再学习如何谋生。所以要行有余力，博闻乐礼，法圣贤。

# 第六十九节　助人亦有道

　　我们刚出生的时候看起来是一张白纸，活着活着发现还有一张蓝图。我们要为人生努力，还要修出一个好的生命状态，并为了一个更好的生命环境而努力。我们必须不断提升生命的智慧和境界，为未来写剧本。

　　假如今天我告诉你，我们明天去帮助那些孤苦无依的老人，帮助他们洗头、剪指甲、修房子。到了明天，在现场除了你和我，还来了记者，那是怎么回事？记者怎么可能知道我们去帮助老人？不是你，就是我提前通知的。然后记者把我们帮助老人的画面拍下来，发出去，丝毫没有考虑老人的自尊心。行善有所求，你就会被囚在里边。

　　我给你一百块，一百块我就没有了。你花完一百块，你也没有了。而如果我给一百人讲课，我没有损失，每个人也都有收获。假如大家听了我的课，自己有所成长，觉得很受用，那么很可能会介绍给家人与朋友。如此，大家的生命状态都变得更好。

# 第七十节　三好一提点

有一个伯伯去一个地方，看到一个年轻人经常在外惹事。一般的长辈只要看到年轻人不懂事，在外面惹是生非，就会说："你都多大了，你还有弟弟妹妹要照顾……"如果这个老伯也这样做的话，那么这个年轻人下次再看到他的时候就会远远躲开，因为"你不认同我，我不被你接受，你看到我就只会注意我是个修脚踏车的"。而这个老伯换了一种说法："年轻人不容易啊！你只要听到爷爷奶奶生病，马上就赶回来，带他们去看医生，还这么照顾弟弟妹妹，不容易啊！"如此这个年轻人下次再看到老伯，态度就一定会很好，还会招呼老伯喝茶聊天。当年轻人接受老伯的时候，老伯的话对他才有影响力，而且他会尽量表现出老伯表扬他的那一面，更关心家人。他会慢慢地把更多的时间用在关心家人上。那如果老伯再轻轻点一下年轻人的问题，他也能听进去了。

可是真遇到了同样的事情，如果我们是老伯，我们常常会表现出第一种情况的行为模式。人们比较容易关注缺点，而很少会赞美别人的优点，可是你只要赞美他、欣赏他的优点之后，人们就会感觉到被鼓舞，就会按照你对他的肯定方向去行事，把能量从坏的事情上抽离出来，去做比较好的事情。因此，不妨让我们先打开觉察，去找到别人身上的亮点，然后用一种智慧的方式，给别人提点。讲三个优点之后，可以给一个提点。这里要注意不要突出那个"但是"，因为对方会马上会注意到你强调的这一点。也不要为了提点别人而提点别人，比如你本想夸夸对方，却半天都讲不出三个优点，这对对方来说也是很大的伤害。当你想要提点别人时，讲话是要有智慧的。只有你先打开觉察，才能够看得到别人的亮点。心静也是一门功夫。有时候刚静下来又不得清净，就又会发现很多念头浮出来，不要去注意那些念头，不要去注意那个修脚踏车的。

# 第七十一节　无声而闻其道，让一切如是

为何你懂那么多，知道那么多还是活成这个样子？因为你还是活在道理中，没有活出道理来，没有在人身上真正用心，你心的能量没有流转出去从而让更多人的生命状态更好。

我们需要知道自己这辈子想要成为什么样的人。孔子的弟子里面有一个人叫子贡，算是聪明人，政商关系很好，卖什么赚什么，可以举一反三。但他说颜回却可以闻一知十，不过最厉害的是老师孔子，可以"吾道一以贯之"，因为他懂得"体用相"，一切都是性之作用。子贡说："夫子之文章，可得而闻也；夫子之言性与天道，不可得而闻也。"这句话是在暗示，他是名传诗书暗传道。

我们应该有更好的洞见，可以无声而闻其法，无字可以

解其意，言在此意在彼，从他人的言语中知道他要说什么，去请益叩钟，向老师请教话语背后的意义。我们讲出来的都是道理，而以上所说才是真理，真理是没道理可言的。

　　一只猴子来到镜子前面，镜子就映照猴影，它走了就走了。林志玲来，镜子就映照林志玲的影像，她走了就走了。镜子不会说"一只猴子在那里，赶快走啦"！它是没有分别心的。而人心是有分别的，猴子来了先贴上"猴子"的标签，林志玲来了先贴上"林志玲"的标签。我包容你，那是人的肚量。那么"超人"的心量是什么呢？不分别，一切让它如其所是，我如其本来，此所谓"你如是，我如来"。

　　我们要出离我们执着的念头，"无所住"。我们的身心应该是自然的，而不是被想法拥有。当我们的内在空间被我们的想法塞满时，我们的自性就没有空间涌现了。当我们能够降服自己时，我们就可以让自性居于自我之中。当不思善、不思恶的时候，当下就是自己的本来面目。

# 第七十二节　花开蝴蝶来，蝴蝶不来依然花开

　　我拿儿子十岁时的生命状态和自己十岁时的生命状态比，发现他的生命状态比我小时候好。儿孙自有儿孙福，我们干吗用不好的去指导好的呢？我们的孩子在十岁时的智商和情商或许都比我们十岁时的高，我们还要担心什么？我们都可以活成现在这个样子，还担心他们会活得不如我们好吗？我们小时候上厕所要练腰力，因为我们那时上厕所需要蹲坑，而现在的小孩子吃得好、住得好，出门有车载，在家有阿姨照顾，绝对比我们当年过得好，他们从小就赢我们，我们有什么好担心的？所以当我有这种觉悟的时候，我毅然决然地把我的孩子的人生交还给他们自己。自己的人生自己决定。我把人生的主导权交给他们，我只给予爸爸应该给的爱就好了，给予爸爸应该有的关心和支持就好了。

做老师也是一样，老师就像个导游，引导大家观光旅游，最后让大家自由行。每个人都应该有百分之百的心灵自由。在人生的路上，一开始会有人带着你探索人生的点点滴滴，接下来就需要自己活出属于自己的人生，活出属于自己的最恢宏的生命版本，让自己的生命之花绽放。

这样的生命旅程就像我们跟蝴蝶之间的关系。一开始你想要去抓蝴蝶，还要买鞋子、买箱子、买网，捕捉过程中还死了好几只，受伤了好几只，你也累，蝴蝶也不自在。那不如让我们去买一盆花，泡个茶，看看书，静待花开，蝴蝶自来，你自在，它也自由。千里之外的一朵花，并不会因为人们不知道它而不开花。你若盛开，蝴蝶自来，蝴蝶不来，你依然花开。"人不知而不愠，不亦君子乎？"人们不知道你的才能，你也不会生气、不会烦恼，这不正是君子所为么，反正我依然如此，独自精彩。

# 第七十三节　人生的最终追求

我曾经讲过一个故事。一个小和尚在一个寺庙里面，老和尚在教他的时候会说："看你这么小，你就去扫地吧，就以扫地为你目前的功课。"那小和尚扫完地后，就坐在树下休息，老和尚来了："叫你扫地，你还休息、打瞌睡？"他就又去扫地。落叶就那么多，扫完没事了，于是小和尚又去休息。老和尚说："叫你扫地还打瞌睡偷懒，去扫地！"小和尚心想："我已经扫完了还要扫？"就这样一个月、两个月、三个月过去了，半年、一年、两年过去了，小和尚会不会起嗔恨心？会的，他会想："都这么干净了还让我扫？找我麻烦！已经没几片叶子了，树木都光了，还要扫扫扫？"但他又转念一想："外面都那么干净了，为什么我的内在不干净？为什么内在那么多无名的恐惧与愤怒？原来我忘记扫里面了。"所以后来他在每一次扫地的时候，都打开觉察，在每一个当下扫地，也在扫"心地"。三年过去了，老和尚怎么说，他就怎么做，每次都打开觉察，超越当下的局限。终于有一天，老和尚出来说："可以了，以后你学什么、做什么都会成功。"老和尚看的是生命状态，让小和尚扫地是假，他希望小和尚能借假修真。让生命状态变得更好才是重点。

内心还有所求不是坏事，但人生的最终追求是什么？是无求。无我为他，我是在无所求的情况下帮助他人，帮助他人就会有所得，但我不是为了得而帮助人。这叫无求自得。在古汉语中，"得"通"德"，德者得也。成为一个有德行、有德性的人，一个内心良善的人，自然人生阳光明媚。在你的一生当中，你若精彩，必有舞台，若没有舞台，你也要依然精彩。

# 第七十四节　随师成就

如果让你回到十年前，你只能做一件事情，你最想做什么事情？

如果这辈子你只有一次机会遇到一位圣人，而你只能问他一个问题，你最想问他什么问题？

如果生命可以成长，可以突破，你最期待突破的是什么？

未来十年，你最想达到什么样的生命状态？

二十年后，你最想达到什么样的生命状态？

在生命的最后，你最想达到的生命状态是怎样的？

孔子被称为"大成至圣"，其中"大成"是孟子对孔子的评价。孟子说"孔子之谓集大成"，赞颂孔子达到了集古圣先贤之大成的至高境界。反观我们自身，一个人的智慧是有限的，但我们可以集合大家的智慧。比如对于一个问题，六个人就有六种不同的答案。我们可以综合这六种不同的答案，对问题有更好的理解。三人行，必有我师焉。一个人久了，就很容易自以为是、自我感觉良好，实际上和别人差的不是一点儿半点儿。一个人闭门造车，不如共同成长而集大成，透过别人的智慧来丰富我们的生活。

有时候，修身养性还需要得到适当的引导，否则很容易走旁门左道，方向出错。有一种海星叫作棘冠海星。因为棘冠海星繁殖很快，会吃掉很多珍贵的珊瑚，所以在日本海域，日本官员曾派一群潜水人员拿着剪刀下海，把棘冠海星剪掉。但是过了一个多月之后，棘冠海星反倒增殖了好几倍，因为日本官员之前没有问海洋生物专家，不知道棘冠海星有再生功能，把它剪成三块，就变成三只，和蚯蚓很类似，结果导致棘冠海星大量繁殖。官员没有办法，求助于海洋生物专家，专家建议采用注射毒死的方法，于是情况得到了很大好转。因此你要了解一种生物的特性，才能对症下药，有时候不了解个体的生命特性就会用错方法。所以在很多领域，我们都需要专家。

东方有一句话叫"随师成就"。孔子的弟子随孔子周游列国十四年，佛陀的弟子跟着佛陀同修渡人，耶稣的十大弟子跟随他同修共办，这就是随师成就。弟子在师傅身边修炼，师傅随时点拨弟子，"发生"直接导向"看见"。

## 第七十五节　把握多元的机会，长期投资

　　孔子晚年的时候，想要将道传给一个悟性、德性都很高的人——颜回。在过去，悟道还要一个更高的条件——德性。颜回在当时德性第一，悟性也很高，并且常常奉行"不二过"。"不二过"，就是一个念头出来之后觉察到不对就收回来了。若没有觉察到，会念念相续下去。念念相续之后也止住，叫作"不三过"。念念相续之后止住不说出来，叫"不四过"。做了之后不再去做，止住，"则不第五过"。而颜回是可以"不二过"的，修在起心动念处。孔子想让他做传人，可是颜回先孔子而去了。所以在孔子离世的时候，第一个守丧的是子贡，子贡是一个非常精准的投资家。他在孔子的坟墓旁边盖了一个草庐，守丧三年，感召了一些同门师兄弟也来守丧三年。三年之后其他弟子都回去了，子贡又

继续守丧三年，总共六年。

在世时，孔子奉行有教无类原则，收了很多徒弟，各种类型、各个领域的都有，有才能的、有德性的、有经济头脑的、有军事头脑的……因此，孔门有四圣十哲七十二贤。相比之下，孟子想要"集天下英才而育之"，但他选拔的都是很优秀、同质性很高的人才，所以孟子门下没有圣贤。所以，请把握住多元的机会。

这个社会、这个宇宙已经向我们表明：一切都是多元的，所以才丰富精彩。如果一切都是完美的，那也就意味着我们没有任何机会了。

除此之外，我们还需要有长期有效的投资眼光，不被短视羁绊。

大家都知道比尔·盖茨和巴菲特，你能看出他们为什么可以成为世界富翁吗？你能从他们身上看到他们处于怎样的生命状态吗？比尔·盖茨从做慈善到现在，大概捐了两千多亿美元，可是公司又赚了两千多亿美元给他。或许他这辈子最大的愿望是把所有钱都捐出去，他在世界各地成立了很多的医疗和教育慈善机构，希望能长期有效地帮助到众生。反过来看，他的生意也是赚全球的财富，他的产品是全球性的。他赚的钱是全球性的，他做的慈善也是全球性的。他的产品长期有人在用，他做的慈善也是长期在进行。这就是为什么他能当世界级的富人。

# 第七十六节　融入整体的智慧

如果我们走进大自然，那么我们跟大自然是一体的吗？

当你看到某种花草很漂亮，你心想若带回去该多好；当你看到一只小松鼠很可爱，你又想如果带回家该多好。当你认为大自然是大自然，你是你，那么你就会有这种想法。不信的话你回家看看，你会觉得自家的桌子好漂亮，带回家好不好吗？你在家看到桌子上有一个很好的杯子，你会想要带回家吗？看到桌子上的筷子或者艺术品，你会想带回家吗？不会，因为你就在家里，你知道这些就是你家里的一部分，所以不会想要带回家。那为什么我们去到大自然中间的时候你会想把这个或那个带回家该多好？因为你是跟它割裂的。

在大自然里，万物发芽、生长、枯萎、凋零，很自然。大自然的高山草原都很从容，因为它们没有想法，自然无我。人可以悟到万物各司其位，不应该如何如何。但领悟出这个道理的人却总在遇到事情时不以为然，自身很叛逆，认为自己应该如何如何，很有想法的样子。

人们以一种割裂的状态离开了大自然这个整体，所以没有办法吸收到整体的能量，没有办法领会到宇宙整体的智慧。只有当我们融入这个整体，宇宙整体的能量才能成为我们的能量，整个宇宙的智慧才能成为我们的智慧。融入整体之后，人类所有的智慧才能为个体所掌握、取用。

# 第七十七节　如其所是，如其本来

我把一支笔插在你身上，你没有反应，叫不知不觉；插上去三秒钟后，你开始感觉到痛，叫后知后觉；插上去，马上痛，马上离开，叫等觉；还没插上去，马上闪开，叫妙觉。

我原谅你，代表你错了，我是对的。而宽容不是把你贴上"你是错的，我是对的"的标签，那是人的度量。如果每个人都可以做到，有知识的或没知识的、有钱的或没钱的，我都和他做朋友，好像人的心量就不同了。

换个角度，我是一面镜子，一只猪来，我就映照出一只猪，我没有任何的念头，只是真实地映照出一只猪而已。我不会产生念头说"你丑，你离开吧"！而是什么来了，我就映照出什么。让他如其所是，我如其本来。

宇宙中有很多星球，有些刚诞生的，有些快要灭亡了，一切都如其所是，而宇宙如其本来。总而言之，让它如是，我如来。

　　"本来无一物，何处惹尘埃。"我有一位朋友蔡老师修身养性多年，品性非常好，你怎么酸他、逗他，他都面带微笑。他本来无一物，所以何必惹你这个尘埃。有一天我们几位朋友在温州泡茶，看到边上有一些零食，本来想泡茶吃个点心，但是一看发现那些零食过期了。有一个朋友要把它丢掉，我说不要丢，等蔡老师来了给他吃。结果泡茶的师兄说，不可能，蔡老师不会中计，因为他根本就没有吃零食的习惯。蔡老师来了果然没有吃。这就是少一种习气，少惹一份尘埃。

# 第七十八节　天人合一，合一合同

《三国演义》第一回开篇讲：话说天下大势，分久必合，合久必分。但是人们需要和谐，就像我们需要和天地万物合一，这是中国文化很重要的底蕴。所以人有什么好分的呢！中华难生，正法难闻。我们是没有剧本地在演出。我们身上有可能有上亿年前恐龙身上的基因。上亿年前，恐龙死后躯体融入土壤中，滋养植物，然后植物又被我们吃掉，来合成我们的细胞。我这样讲是想说，地球的宇宙、火星的宇宙、太阳的宇宙和冥王星的宇宙，是同一个宇宙。因为宇宙是一体的。

网络上曾流传一段话：如何让一滴水永远地存在？融入大海。那如何让我一直存在？融入虚空，与整体合一。话说周总理小时候魏校长问他："为何而读书？"周恩来说：

"为中华之崛起而读书。"各位，你为何而成长？这片土地上曾有过很多圣贤，为这片土地、为这个地球而努力，为人类的和谐、和平而努力。我们修身养性，为的是个人的幸福、家庭的幸福、社会的幸福、国家的幸福，甚至是为了世世代代人类的幸福。

透过这样的思维，我们慢慢会觉得我们都是一家人。有时候我总是觉得很多伙伴比自己的兄弟姐妹还要亲，那是心灵家族。你能够想象一个来自外星球的生灵用什么来安顿他的身心吗？是工作、财富、学历，或者地位？如果我们能把植物的叶绿体和动物融合在一起，那么动物不需要吃东西而依靠光合作用就可以活着；如果我们不需要努力去谋生就可以活着，那我们的人生观就会改变吧！所以人们在发展物质文明的同时，需要努力发展自己的精神文明。中国政府一直在鼓励我们为精神文明建设、为文化发展而努力，这不仅仅是一个人的需要，这是大家和未来子孙的需要。我们要带着一种更高的智慧，让我们的子孙过上更加美好的生活！

# 第七十九节　面对死亡

我们该以什么样的态度面对死亡？

苹果前首席执行官乔布斯在去世前说过这样一段话："我曾经辉煌过，做出过很多艰难的决策，也有很多难堪的往事。现在我要死了。人一辈子只会死一次，在死亡面前，我所遭遇的一切又算得了什么呢？"我们一生都在接受如何生的教育，而很少接受关于死的教育。对于死亡，我们是害怕的、恐惧的。这种害怕和恐惧有时会抑制我们的生命状态。

曾经有个跨国公司的老板，五十出头，去医院检查，发现得了很严重的疾病，还剩下三到六个月的生命。医生告诉他接受治疗还可以活九个月到一年，他说不要治疗，希望在前三个月通过药物治疗维持正常的生活，之后三个月就听天由命吧！然后他一一打电话给那些帮助过他的人以及他曾经伤害过的人，邀请他们与自己共进最后一餐。他对那些他曾经伤害过的人说："过去我因为无知和贪婪对你们造成了伤害。现在我要走了，和你们共进最后一餐，在这里我和你们说声对不起，请原谅过去我曾经对你们造成的伤害。"他又对那些曾经帮助过他的人说："感谢你们曾经给予我的帮助。在过去的岁月里，因为你们的宽容和大度，我感到非常幸福，我要和你们说声谢谢！"他在生命旅程的最后，懂得了生死的道理，可谓"朝闻道，夕死可矣"。

在终点相遇

# 第八十节　醒过来

各位伙伴，有时候事情不是你想象的那个样子。东方有一句话："言在此，意在彼。"有时候戏好像是演给你看的，其实是演给旁边人看的。

话说有一个人问佛陀："佛陀啊，你好像很容易糊弄别人，这个人问这个问题，你给这个答案，那个人问那个问题，你也给这个答案。做人，不要糊弄别人哦。"佛陀说："目前在座将近一百个人，睡着午觉，做着一百个不同的梦，难道我要一个个帮他们解梦吗？还是让他们醒过来就好？当然是醒过来就好喽。我干吗跑到大家的梦里，告诉大家该怎么修身养性，怎么做人处事？能把大家摇醒就好。"

我现在分享这些理念，只不过想给你一些启发，希望你慢慢醒过来。饭，我帮你吃，你不会饱的，你自己吃才能饱。同样，你放不下的事情，我没办法帮你放下，你得自己放下。我就像一个桥梁，陪你走过一段生命的旅程而已，但路你还得自己走。慢慢你就会有所领悟。

　　同样，巴菲特是个很专业的投资家，他比一般的投资者更精准，投资的项目大部分都是赚钱的，不仅如此，他连行善投资都很精准，他把85%的财产捐给比尔·盖茨的基金会，而不是捐给自己的基金会，因为他知道比尔·盖茨的基金会可以更长期有效地帮助到更多的人。现在想想，你都在投资些什么呢？行善的方式又是什么呢？

# 第八十一节　本固枝荣

有一个成语叫"本固枝荣"，意思是一株植物，如果它的根很强固、很健康，枝叶才能茂盛。如果植物的根不好，那么这个植物就很难长得枝繁叶茂。人也一样。我们常常是不考虑根基，只考虑发展速度，等回过头来看时，发现内在空空如也。

人生的高度就好像盖高楼。我们家住的楼有二十二楼，地下室有三层。那么，如果一个楼地基只挖了一层楼深，却想往上再盖更高的高层，会如何？同理，你人生的根基如果只有这么浅，是不是这样一摇晃很快就会倒下来？

有多少人的人生是常常打开觉察的？会不会讲个十句话，里面有三四句都是有漏洞的？常常是，有的人讲得很顺却漏洞百出（别人只是不好意思说他罢了）。

你会发现，"我努力了半天，为什么还留在原地？""我学得这么多，看得这么多，为什么还是过不好这一生？""我懂这么多道理，我这么对，为什么我这么不快乐？"

有些人什么都很对，对不对？不仅是长得很对，说起话来都很对，而且都是"针锋相对"！我们之前讨论的都是在争对嘛，是不是？那你既然都这么对了，学了这么多，读了这么多，甚至上了这么多万块钱的课程，为什么还过不好这一生，还是不快乐呢？因为，你之前学到的都是武器嘛，你学了很多东西就像拿回了很多武器一样，回家之后就到处砍人。你学得越多，学过之后回到家受伤的人更多。为什么？你的武器装备更好了嘛。以前它还是传统武器，大家生生闷气、吵吵骂骂也就过了，现在你拿了这么多尖端武器回来，结果杀伤力是无远弗届，是不是？

所以接下来要怎么办？

# 结语

读完这本书，我希望你们能送我四份礼物。

第一份礼物：让自己的生命状态变得更好。如果你做到的话，这就是送我的第一份礼物。

第二份礼物：当你的生命状态变得更好的时候，你要成为家人、朋友、社会、国家的好环境。只要有你在的地方，你就是别人的好环境。因为你这个好环境，人们也会感觉自己的生命状态变得更好。如果你能做到的话，这就是送我的第二份礼物。

第三份礼物：当你有一天有了愿景、使命，找到了自己活着的意义，要去帮助所有跟你有缘的朋友。如果你做到了这一点，这就是送我的第三份礼物。

第四份礼物就是：让我们在终点相遇！